JN232666

国際航空輸送政策の将来
グローバルな変化に対応して

OECD【編】

丸茂 新・中村 徹・吉井秀和【訳】

日本経済評論社

経済協力開発機構

経済協力開発機構(OECD)は,1960年12月14日にパリで調印され61年9月30日に発行した協定の第1条に基づき,次のような政策を促進する。
- ●加盟国が財政的安定を維持し,世界経済の発展に寄与しながら,最高に持続可能な経済成長,雇用,および生活水準の上昇を達成できるようにするための政策。
- ●加盟国,および経済開発の途上にある非加盟国の健全な経済拡大に寄与する政策。
- ●国際的義務に基づき,多角的かつ無差別な世界貿易の拡大に寄与する政策。

OECD原加盟国は,オーストリア・ベルギー・カナダ・デンマーク・フランス・ドイツ・ギリシャ・アイスランド・アイルランド・イタリア・ルクセンブルク・オランダ・ノルウェー・ポルトガル・スペイン・スウェーデン・スイス・トルコ・イギリス・アメリカである。以下の諸国はその後加盟した。日本(1964年4月28日)・フィンランド(1969年1月28日)・オーストラリア(1971年6月7日)・ニュージーランド(1973年5月29日)・メキシコ(1994年5月18日)・チェコ共和国(1995年12月21日)・ハンガリー(1996年5月7日)・ポーランド(1996年11月22日)・韓国(1996年12月12日)。欧州委員会もOECDの活動に参加している(OECD協定第13条)。

Published in English and French under the titles cited here respectively:
THE FUTURE OF INTERNATIONAL AIR TRANSPORT POLICY
Responding to Global Change/L'AVENIR DU TRANSPORT AÉRIEN INTERNATIONAL
Quelle politique face aux mutations mondiales?

© OECD, 1997
©『国際航空輸送政策の将来』, Japanese Language edition, 2000
Organisation for Economic Cooperation and Development, Paris,
and Nihoh Keizai Hyoron-sha Co. Ltd., Tokyo.

はじめに

　国際航空はそれ自身主要な産業であるばかりでなく，多くのビジネス活動およびレジャー活動に対して不可欠のサービスを提供する。この部門はまた，これまで広範囲にわたり規制の対象とされてきた部門である。しかし今や世界は変化しつつある。経済活動はますます国際化し，個人のレジャー活動に対する需要（おそらくその最も顕著なものは観光旅行であろう）が拡大するにつれて，国際経済における航空輸送の役割について理解を深め，航空輸送を支配する規制構造を再検討する必要がある。

　この考えは1992年の OECD 会議（the OECD's Forum for the Future）において確認され，その成果が今回の出版につながった。この研究はまず OECD 事務局により行われ，それに引き続き専門委員会（Steering Group）の校閲を受けた。この専門委員会の構成メンバー（付属書2参照）には，慣習的に紹介される OECD 関係の高級官僚が名を連ねるにとどまらず，航空輸送産業および利用者グループの専門家が含まれている。この専門委員会に航空輸送産業の代表を含めたのは，重要な問題についてできるだけ幅広い将来の展望を示そうとしたからであり，その結果，——主要な航空会社に加えて——空港経営者，航空機メーカーおよび航空機燃料の関係者を含むことになった。

　本書は，このプロジェクトが基本的に求めていた分析的研究の成果をまとめたものであるが，同時に一連の政策提言を行っている。もっともこの報告書は，専門委員会のメンバーによる大まかな合意を反映しているが，決して完全に合意した内容のみを提示するというものではない。市場の一層の自由化は，長期的には経済的効率性にとり有益であるという点に関しては一般的な合意が得られた。しかし参加者全員がすべての点について合意するというわけにはいかな

かった。実際，日本政府は異なる見解を別途提示した（付属書1参照）。しかしこの報告書およびそこに提示された政策提言は専門委員会の圧倒的多数の支持を得たものである。この研究プロジェクトはWolfgang Michalskiの責任の下に実施された。事務局の執筆チームはKenneth Button, Wolfgang Michalski, Barrie StevensおよびPeter Weissの4名で構成された。なお本書はOECD事務局長の責任において公刊されるものである。

目　　次

はじめに i

イントロダクション：総括と政策提言 ………………………………… 1

    A．分析的報告書のサマリー　2
    B．政策提言　16

第1章　経済活動のグローバル化：傾向と予想 ……………………27

    1．経済活動のグローバル化　27
    2．世界の生産と貿易についての見通し　40

第2章　国際航空における変化と不確実性 …………………………47

    1．現在の世界の航空輸送市場　47
    2．不確実性の本質とレベル　50
    3．不確実性と予測　59
    4．不確実性の対処　67

第3章　航空輸送の参入・撤退問題 …………………………………71

    1．市場の問題　71
    2．既存の事業者の対応　78
    3．インフラストラクチャー　89
    4．直接介入の問題　97

第4章　競争の機能 …………………………………………………107

    1．市場における競争　107
    2．航空会社の競争戦略　113
    3．インフラストラクチャーの問題　124

4．直接介入の問題　128

第5章　国際航空の構造調整の問題………………………141
　　　1．基本的な立場の違い　141
　　　2．構造変化のための資金調達　145
　　　3．インフラストラクチャーの制約　151
　　　4．制度上の問題　154

第6章　国際航空輸送における制度的改変………………161
　　　1．改変の考えと課題　161
　　　2．制度的な改変の戦略　163
　　　3．制度的改変の基本分野とその方向　168
　　　4．より広い制度的改変に向けて　184

参考文献　189
用語集　200
付属書1　207
付属書2　211
訳者あとがき　215
図表リスト　217
索　引　219

イントロダクション:総括と政策提言

　どのような基準に照らしてみても国際航空は大規模産業であり，さらになお急速に成長しつつある産業である。現在，国際線の利用客は世界全体として年間1兆3,500億旅客キロを超えており，貨物についてみれば輸出用工業製品の3分の1以上が航空機を利用している。航空旅客は1960年以来，年平均9％の割合で増加しており，航空貨物は年11％の割合で増加し続けている。もし今日のような広範囲に及ぶ航空ネットワークが存在しなければ，国際観光業のような主要サービス産業は今日のレベルに達していなかったであろう。国際航空は，生産と流通システムのグローバル化の背後にある重要な推進力であり，将来の経済発展においてもこれまでと同様，重要な役割を果たすものと期待されている。

　しかし航空輸送産業の国際航空部門は，新たな経済的・社会的傾向の発生，旧来の傾向の断絶さらには新技術の出現などから生ずる多様な試練を克服しなければならない。新たな市場も次々と生まれつつあり，また既存の市場条件も変化しつつある。さらに今や規制政策において新たな考えが求められており，部分的にはこのことに関連するが，航空輸送産業の構造そのものが大きく変わりつつある。航空会社は市場プレゼンスを拡大することによりマーケティングおよび運航上の利益を追求しようとして，この10年についてみれば，ますます戦略的な航空会社間の提携が顕著になってきている。機材のリース契約やメンテナンスおよびその他の活動のアウトソーシングがますます一般化し，小規模な航空会社にとっても市場への参入がより容易になっている。

　「国際航空輸送についてのOECDプロジェクト (the OECD Project on International Air Transport)」は国際航空部門が直面するいくつかの主要な問題を

取り上げた。これは1992年6月に開催された「国際航空輸送に対する新たな政策アプローチ（New Policy Approaches to International Air Transport）」に関する将来会議に向けてのOECD会議から生まれた研究プロジェクトである。なお問題の将来会議は航空輸送産業の実績と長期の見通しを検討しようとするものであった。そしてこのOECDのプロジェクトおよびその研究成果として編集された報告書の目的は，政府と主要な航空会社に対し国際航空において将来予想される総合的な姿はどういうものかを提示し，合わせて今後数十年に限るとしてOECD経済および世界経済の健全な発展のために充分貢献しうる航空政策とはどういうものか，について共通の理解を求めることにある。

　本書は，航空輸送産業は本来，弾力的な構造を持ち，一般的にいって，市場を信頼して行動すれば経済的に効率的な結果をもたらすことを示そうとしている。すべての関係者に有利な結果を与える有効競争的な国際航空市場の形成を求めるべき正当な理由があると考えるのである。そのような立場より政府が果たすべき役割の一つは，市場が効率的に機能する包容力のある規制枠を設定することである。

A. 分析的報告書のサマリー

　政策提言を行うに先立って，国際航空部門はどのような働きをするのかということを充分に理解することが重要である。まず第一に，いったい何が航空サービスの需要を決定し，そしてこれらの決定要因が将来どのような形を取る可能性があるかを知ることがまず問題である。さらに航空サービスの供給サイドに目を向け，政府の政策や航空サービスの提供者の行動がこの国際航空部門の経済効率にどのような影響を与えるかを理解することが不可欠である。今回の研究に基づき，将来の新たな問題に対処するための構造上の調整とその際利用しうる改変措置を織り込んだ政策を選択しなければならない。

1. 経済活動のグローバル化と国際航空

　国際航空輸送産業は近代的なグローバル経済にとって必要不可欠の部門であり，経済発展の形態により影響されると同時に経済の発展形態そのものに影響を与えるものでもある。この産業は過去30年にわたって驚異的な成長を示してきた産業であり，また主要な経済的および技術的な発展に対し自ら対処せざるをえない産業でもあった。現在，このダイナミズムが沈静化しつつあるという証拠はほとんど存在せず，国内および国際経済における航空輸送産業の重要性は今後とも変わらないものとすれば，航空輸送産業は近代的な産業および消費者の求める条件に効果的に応えうる体制を整えることが不可欠である。

　一方において経済成長，可処分所得の上昇および余暇時間の増加という需要サイドの条件が，実質的な航空運賃の低下および航空技術の変化という供給サイドの条件と相俟って国際航空輸送の長期的な成長を押し上げてきた。事実，航空輸送は一貫して世界全体の GDP の成長率の約2倍の割合で成長し，これまで30年ごとに倍増してきた。しかし航空輸送に関する量的およびその空間的な成長は，また経済活動の急速な国際化の過程と関連しているのである。

　ミクロ・レベルでみると国際化の過程は企業戦略の大幅な変換を反映している。中間財の国際的ソーシングが急速に拡大しつつあり，他方，先進工業国の企業活動がますます，生産連鎖の中の高付加価値部門に集中する傾向を示している。企業活動における世界規模の相互取引は子会社を通して行われるだけでなく，下請け契約，フランチャイズ契約，ジョイント・ベンチャーあるいは提携のようなノン・エクイティー契約により行われている。その場合，近代的な交通手段および情報技術が，地域的にかけ離れた場所での生産活動を一元化，統合化のための手段を提供し，この種の国際化の展開において基本的に重要な役割を果たしている。

　他方，マクロ・レベルでみるならば，広範囲に及ぶ自由化対策や技術開発により，財，サービスおよび資本の国際間取引が急速に増加している。多国間の貿易交渉に関するウルグアイ・ラウンドの決着が，一つには従来の貿易に関す

る障壁をさらに低下させることにより，またサービス，投資，知的所有権，技術・安全基準および政府調達の分野に重要な新秩序を導入することによって，経済活動の国際化に一層の弾みをつけることが期待されている。同様に現在，OECDで交渉中の多国間投資協定は生産設備の国際的な利用を一層増進するものと思われる。

　グローバルな多国間構造の中で貿易が地理的に拡大し，また貿易の範囲も拡大する状況の下で，ヨーロッパ，北米およびアジアの諸国は地域協定を通してより一層経済的な結びつきを深めようとしている。時には，このような地域協定が保護主義的な経済ブロックの形成に陥る危険をはらむといわれるが，地域協定はより一層グローバルな経済に向かう中間地点として作用することにより，多国間体制の形成に貢献するというのが支配的な見解である。国際的な民間航空輸送は，ウルグアイ・ラウンドではさほど重要な検討事項ではないが，いくつかの地域協定の中に盛り込まれており，なかでもEUの域内市場計画は最も注目すべきものである。

　技術開発もさることながら，分業の深化・拡大およびそれに伴って具体化する経済的な統合化に助長されて，国際輸送とりわけ国際航空の需要を派生させる広範囲に及ぶ構造変化が表面化しつつある。国際的な経営基盤を持つ会社においてハイテク部品の共同開発やその生産の比重が増せば，これらの国際的な取引において高価格／低容積製品の割合が大幅に上昇することが期待される。これに加えて，ジャスト・イン・タイム方式やリーン生産方式が一般化すれば，生産サイクルの時間が著しく短縮し，同時に迅速かつ信頼度の高い搬送を求める圧力が高まるであろう。従来の工業の中心地から遠く離れた地域に立地する諸国が世界経済に組み込まれる場合には，長距離輸送の需要が高まるであろう。そして高価格／低容積生産が長距離の輸送を求める時，そして時間要因が一層重要となる状況の下では，他の輸送手段に比べてとりわけ航空輸送の利用が有利となるであろう。

　生産および流通システムのグローバル化における以上の傾向は，航空貨物に対し重要な影響を与えることは明らかであるが，以上の傾向は旅客輸送にも影

響を及ぼすであろう。グローバル・ソーシングの採用のような経営戦略の変化が，情報・通信システムの改善と相俟って国際レベルの人的交流の需要を高めつつある。先進工業国におけるサービス部門は，製造業部門におけるよりも一層，トラベル・インテンシブであり，このこともまた航空サービスへの需要を高めている。海外勤務者についてみられるように就労者の国際的移動が着実に拡大しており，これもまた航空サービスの需要の増大傾向を強めることになろう。

　今後の航空旅客輸送に刺激を与え続けると思われる一つの基本的な動的要因は，急速に増加しつつある国際観光旅行であろう。観光旅行は，それ自身すでに航空旅客輸送の中でかなりの割合を占めるが，今後一層グローバルな産業に発展することが期待され，その成長率は世界全体の一般的な生産の成長率をはるかに上回るものと思われる。観光旅行の成長は所得の上昇，余暇時間の増加およびOECD諸国の老齢人口の増加のような人口統計的ないし社会的諸要因が，航空運賃の実質的な低下と合わさって一層確かなものとなっている。長距離の観光旅行は，その成長に関しては世界の各地域で若干のばらつきはあろうが，旅行全体の中に占める長距離観光旅行の割合は今後ますます増大し続けるであろう。

　現在進行中の各種のグローバルな変化は航空輸送を刺激する効果を持つということは一般に理解されるところであるが，事柄がその速度，その中身および地理的分布に及ぶと意見が必ずしも一致しない。国際的な貿易摩擦の可能性，技術発展の速度と方向，あるいはますます強くなる地球環境に関する圧力のような不確かな状況とともに，旅客市場および貨物市場そのものに含まれるシステミック・リスク（systemic risks）が開発の方向を大きく変えることもあろう。こと国際航空に関してはこの不確かな状況は，それを予測することが困難であるかもしれないが，旅客市場および貨物市場の大きさや形態にとり重要な意味を持つであろう。将来のグローバルな変化が航空輸送に与える不確実性の度合いや性質もまた地域によりかなり異なるであろう。

　国際航空のようなダイナミックな産業では，急速に変化する市場，制度上の

構造および経営環境に適切に対応する能力が求められる。これまで伝統的に，国際航空の分野では直近の状況判断から長期予測の策定に至るまで最先端の情報システムを利用している。これらの短期・長期の判断を行うにあたってこの産業はサブ・セクター（たとえば個々の航空会社および空港）の内部予測と公的に利用可能な予測，とりわけ国際的な代理店および航空機メーカーが作成する予測に依存してきた。しかしこれらの予測は必ずしも常に正確であるとはいえなかった。長期のトレンド予測はしばしば誤っており，また短期のショックをも予測しえなかった。さらにこれらの予測は，近代的な経営および政策決定者が今日の諸問題に対処する場合に求められる適切な情報を提供しない場合もあろう。

　予測は現段階では科学（science）であるよりはむしろ技術（art）であり，国際航空市場における不確実性の性質が変化するにつれて，予測の中に重要と思われる新たな判断要因を含める必要があろう。たとえば観光旅客の需要パターンに現在新たな傾向が生まれつつある。中・東欧の諸国において航空輸送の市場は大きな変換を経験しているが，他方，アジアとラテン・アメリカの新興経済圏では航空サービスが急速に発展している。それに加えて航空サービスにとっては外部的な要因ではあるが，高速鉄道サービスおよび情報・通信サービスの発達に関して傾向線の断絶がみられ，これらは今後ますます航空市場に大きな影響を与えるであろう。航空部門の内部においても重要な技術的発展が今後とも継続するであろう。たとえば新たな航空管制技術およびより大型の航空機の生産の可能性などが考えられる。しかしこれらの技術的な発展は，航空サービスの市場条件の変化に比べればはるかに予測が容易である。というのも後者のケースでは市場が成熟化するにつれて既存の傾向線を支える要因が新たな形態をとるからである。

　民間航空は，とりわけインフラストラクチャーの提供に関して高額の資本費を必要とする経済部門である。したがって不適切な投資決定は実に高価なコストを発生させる。とりわけ不正確な予測により複数期にわたって産業全体の過大投資あるいは過小投資を生む場合には，その社会的な機会費用は大きい。そ

れゆえ，回避し難い不確実性に直面する場合はいろいろな方法を組み合わせて対応する必要がある。既存の予測方法は国際航空市場で発生しつつある変化をより一層取り込むものに改良する必要がある。この事は単にシナリオ分析やデルファイ方式（Delphi procedures）のような技術をより幅広く利用するだけでない。過去の関係に基づいて将来を予測するよりは，むしろ問題の経済部門が現実にいかに機能するかということをより良く理解することが評価される必要がある。さらに以上の事柄に加えて，国際航空輸送産業自身が傾向線の断絶および新たな要因の発生に対し，弾力的に対応できる戦略を展開することが許されねばならない。このような状況の下で，適切なインセンティブ構造と弾力的な対応を保証しつつ，市場へのより強い信頼をおくならば，国際航空産業に新たな不確実性がもたらす諸問題を充分乗り切れる経済環境が実現することになる。

2．政府の政策と航空輸送の効率性

　過去15年間を振り返ってみると，航空政策の焦点は既存航空会社の保護から輸送効率の向上および消費者の利益へと移行している。この事は航空輸送部門における競争問題のうち次の二つの事柄を前面に押し出すことになった。すなわち一つは「市場を求めての競争（competition for market）」であり，新規の航空会社が航空市場に参入する場合の条件あるいは既存の航空会社が他のルート上で航空サービスを開始する場合の条件に関する問題であり，他の一つは「市場における競争（competition in the market）」であり，航空市場の中で行われる競争の現実的な条件に関するものである。これら二つの事柄の間の境界線は判然としないが，分析上の視点からは区別することができる。少なくともわれわれはこの際そのような見方を取ることにする。これら二つの事柄を——とりわけ国内市場の自由化の経験に照らして——国際航空輸送市場に関する競争政策の構造上の特質およびそれらが与える競争政策への結果に焦点を当てながら順次取り上げることにしよう。

　伝統的な経済理論は完全競争の望ましさを指摘する——すなわちそこでは市

場は有効に機能し，参入と撤退は何らの障害なしに自由に行われ，情報は完全に行きわたり，インプットの利用性に対する制約は存在しない。制約のない参入という前提はとりわけ重要な意味を持つ，というのもこのことは，理論上は，最も効率的な生産者のみが市場に残れることを保証するからである。より最近のものとしてはコンテスタブル・マーケットの理論がある。この理論は，たとえ現実に参入が発生しなくても参入の脅威の存在が，程度の差はあっても既存の生産者の行動を律することができると考える。しかしながら国際航空輸送産業においては，完全競争の概念およびコンテスタビリティーの概念はいずれも有益な概念ではない。

　国際航空の状況に照らしてより現実的な概念は有効競争（workable competition）の概念である。すなわちこの市場は，企業の数はたとえ多くはなくとも既存の企業の間で競争を保証する程度の数は存在し，また新規の供給者は禁止的に高いコストを支払うことなく参入が可能な市場である。このような有効競争の市場は完全競争あるいはコンテスタビリティーの理論的な条件を充たすものではないが，それでもなお既存の生産者をしてサービスの供給に要するコストを最小化し，彼らの供給するサービス——運賃構造を含めて——を顧客のニーズに合わせ，そして新たな技術の導入をはかるように仕向けるには充分な市場形態なのである。このような状況の下では，政府の役割は有効競争を実現するに必要な諸条件を保証し，そして法と現実の食い違いが実質的に競争を歪めることのないよう保証するというものであろう。

　国際航空輸送は多様な参入・撤退問題を抱えている。あるものはこの輸送産業が有する本質的な内容を反映するものであるが（たとえばある程度の市場の失敗 Market failure），他のものは，そしておそらくは前者よりはより重要なものと思われるが，現行の規制制度に由来する問題（規制の失敗 intervention failure）である。広範囲に及ぶ自由化をもってしても現実の航空輸送は完全に競争的であったり完全にコンテスタブルなものとして機能するようには思われない。その際，われわれに求められる対応は参入・撤退に対する人為的な障壁を最小にし，その競争の中で生き残る航空会社は不公正な競争を引き起こさな

いようにすることである。この対応は同時に高度の安全基準を維持し，また環境の保護や僻地への適切な交通手段の確保というような広い社会的目標を達成しながら実現しなければならない。

　航空輸送産業の費用構造は複雑であり，一様には判断しきれない規模の経済，範囲の経済，さらには密度，標準化および経験がもたらす各種の経済を含んでいる。既存の航空会社は潜在的な新規参入者に対してある種の自然な優位性を持つであろうが，それらは他の多くの産業の既存企業が有する型の優位性である。この場合，参入に対する障壁そのものが問題であるのではなく，すでに市場に立地し具体的に行動しうる企業（players）が，彼らの立場を利用して一般の利用者が有効競争の利益を享受できないようにすることが問題なのである。しかし航空輸送産業において発生する経済規制の問題は，高額の資本コストおよび不可分性を含む他の産業部門に見られる経済規制と類似の問題である。このような不完全な状況を取り扱う戦略はすでに確立している。経済的な理由に基づく限り，国際航空においては一般的な制約以上に規制を強めるべき理由はまずないように思われる。

　既存の航空会社が，自己の運賃決定や輸送容量の決定を通して，あるいはまた常顧客優待制度（FFP）のようなマーケティング手法の採用を通して参入に反発したり，参入の脅しをちらつかせたりすることは市場をオープン化する場合の，ほとんど不可避的な結果である。既存の航空会社が参入に対し自らを保護する場合二つのケースが存在する。一つは全く新規に設立された航空会社による参入であり，他の一つは，よりたびたび経験するところであるが，すでに存在する他の会社が自己の新ルートを求めて参入してくるケースである。この種の対抗策はほとんどの場合，競争に対処するための合法的な抵抗である。しかしある少数の対抗策は人為的な参入阻止を企てるものである。もっとも，自由化の波が広がるにつれて，たとえば互換性のあるFFPのようなカウンター戦略で対抗するなど人為的な参入阻止の影響力は弱くなる傾向にある。しかしその場合においても，既存の航空会社による反競争的行為を制限ないし禁止する特別な政策を導入する可能性は残しておく必要がある。たとえばコンピュー

ター予約システム (CRS) に関するいくつかの問題はすでに国際的レベルで検討され，またあるものは検討されようとしている。

航空会社はさらに航空運賃政策あるいは輸送サービスの水準を操作することにより市場での支配力を強めようとするであろう。この種の戦略は国際航空市場に固有の現象ではなく，通常，一般的な競争政策において知られている戦略である。しかし反競争的行為と新たな市場条件に対応する正当な競争手段を区別する場合の現実の複雑な諸問題を考えるならば，運賃政策やサービス水準を決定することはきわめて困難な問題である。もし特定のケースにおいて反競争的行為が問われる場合には，その立証責任は監督官庁に求められるべきである。

航空会社についてみれば，利潤追求の目的あるいは輸送効率を高める一手段として，市場における自己のプレゼンスを高めようとする傾向が見られる。この市場プレゼンスは合併により実現する場合もあれば，コード・シェアリングのようなマーケティング上の提携関係を形成することにより実現する場合もあろう。一般的にいってこのような市場プレゼンスの努力は航空会社および利用者両者にとり有益であるが，参入が制限される状況では競争を危険にさらす可能性も考えられ，これに対しては監督官庁が当然考慮しておかなければならないであろう。たとえば戦略的な航空会社間の提携は互換的な FFP の便利さとともに，しばしば補完的なサービスや発着スケジュールの改善をもたらすが，市場支配の可能性を有する場合もある。

新規の航空会社の参入および既存の航空会社の経営規模の拡大に関する困難な問題の一つは，それらに関連して発生するインフラストラクチャーの整備に要する高いコストおよびその不可分的な特質である。インフラストラクチャーの隘路が存在する場合には，ますます増え続ける輸送量を処理するためにしばしば全体的なインフラストラクチャーの容量を拡大することが不可欠となる。計画を策定する際の過去の経験および複雑な事情からみて，現在，OECD 諸国およびそれ以外の国々において提案されているインフラ投資が完全に実現するかどうかは疑わしい。たとえこれらの投資が実現するとしても，明らかにこれによりインフラ容量が過剰になることはない。世界の多くの地域で交通混雑

は今後もなお深刻な問題であろう。

　輸送施設を建設するだけでなく，既存のインフラ設備の利用効率を高めることにより輸送容量を高めるができる。現に空港管理の改善や物的インフラストラクチャーの技術効率を改善する動きが見られる。たとえばいくつかの空港では滑走路の容量を経済的基準により配分し直したり，地上ハンドリング業務へのアクセスの制限を除去したりするなど進歩の跡がうかがえる。しかしながら，一般的にいって航空輸送のインフラ設備に関する現行の料金制度の中で経済的に効率的なものはまず見当たらず，各種の空港関連サービスの供給者は相変わらず物理的，制度的その他の障壁により拘束されている。

　航空輸送のインフラ設備へのアクセス問題はインフラ容量それ自身と同程度に重要な問題である。航空サービスにおいて有効競争が成立するためには，インフラ設備へのアクセスおよび利用条件がすべての競争者に対して公正 (fair) でなければならない。インフラ設備の利用料金およびアクセスの条件は航空会社の競争条件を左右する。現在，いくつかの市場は，ハンドリング料金，競争的な地上ハンドリング・サービスへのアクセスの有無およびスロットの配分において不利な取扱いを受けているという証言もある。とりわけ新規参入者は，自由化がインフラ設備の混雑を一層ひどくするものであるだけに，インフラ設備へのアクセスを制限されることにより受ける影響は大きい。

　航空はさまざまな環境，安全および治安上の諸問題を抱える部門である。他の産業部門と同様，財政政策あるいは規制政策を通して航空の環境コストおよび安全コストを内部化すべき経済的理由が存在する。ただしその場合は，特定の政策が環境コストに直接的に関係するのでなければ，その環境政策が航空会社間の，そして空港間の競争基盤に影響を及ぼすという危険性がある。同様に，国際航空輸送における安全性および治安の確保に適した対策が，効率的かつ費用効果的なものでなければならず，そして絶えず再検討される必要がある。

　ほとんどの政府は国際的な航空市場の競争に直接的に介入して競争の質を変えようとする。航空サービスの二国間協定は，もともと，機会均等の原則に基づいて，国際航空輸送における関係国の直接的な介入を容認するよう仕組まれ

た。参加しうる航空会社を対象とする競争の内容を規定し，供給される輸送容量および共謀行為の許容の程度を規定する。多くの場合，これらの協定はいまやさほど拘束的ではなくなっており，(二国間協定に代る)地域協定がその適用地域内の実質的な自由化を実現している。それに加えて，航空ネットワークが拡大するにつれ，航空サービスの利用者は特定の隘路を回避するルートやサービスの選択がより容易になっている。

航空会社の所有形態の規制もまた競争的な航空会社の参入を妨げることになる。しかし所有に関する規定が緩和され民営化が実現するにつれてこの面においても徐々に変化が起こりつつある。国庫補助および他の政府管理の財政支援という介入形態も存在する。しかしこれらの対策はしばしばその目標が明確に定められていないので，それらの対策が実施されてもそれらの経済目標が達成されないということも珍しいことではない。以上のような背景により，変化は見られるものの，純粋な競争に対する制度的な抑制は今なお存在する。多くの国際航空市場は今なお高度に規制されており，政府は依然として市場の取引に直接介入し，非能率的な航空会社の撤退がしばしば阻止される状況にある。

3. 構造改革と改変措置

構造的な調整は，一つの産業が変わりゆく経済，技術および制度上の変化に対し生産要素の調達 (sourcing)，生産および製品の流通をいかに適合させ，それにより経済の全体的な効率をいかに高めるかという問題に関係する事柄である。伝統的な経済理論では，これまでこのような調整は素早く行うことが可能であり，何らの取引コストも発生しないと仮定する傾向がみられる。しかし現実には，この種の取引コストは構造上の変化の速度に影響を与えるのである。

ところで，投資，技術革新および構造上の適合化を誘引する一般的な社会・経済環境が存在する場合には，問題の取引コストを軽減させることが可能である。このことはマクロ経済の水準では持続的なインフレなき成長を意味し，マクロとミクロの中間に位置するメゾ経済 (mesoeconomic) の水準では生産物の市場と労働や資本に代表される生産要素の市場がうまく機能し合う状況を意味

し，そしてミクロ経済の水準では本来，市場を媒介にした生産資源の，より生産的な活動への絶え間ない流入が保証されることを意味する。

　国際航空輸送は三つの方向から変化を求められている。第一は需要の側から求められるものであり，新たな需要要因や潜在的なトレンドの断絶が発生した場合に過去のトレンドは通用しなくなる。第二は供給の側から求められる変化であり，新商品，技術的変化および近代的な経営技術が生まれると新たな対応が求められる。第三は規制環境から発生する変化であり，実際多くの政府は，旧制度に対する修正（たとえばより自由な二国間協定）あるいは新たな規制の枠組み（たとえば多国間協定または地域協定）に関連して大幅な制度の改革を考慮している。

　航空輸送サービスの供給者が以上のような新たな変化に対応するためには経営能力，労働力および組織的な構造に関してかなりの適合力を持たねばならない。より自由な市場への移行は具体的には参入・撤退の自由，充分に機能する価格メカニズムおよび人為的な輸送力制限の排除を意味する。そしてそのような自由市場への移行は経済的，技術的および規制的諸条件の変化に対応して，国際航空輸送自らを再編成する弾力的な体質を育むことになる。このことは後の数章で強調する。ここでは制度的な要因がどのように個々の航空会社および航空部門全体の構造改革を抑制することになるかという問題を重点的に取り上げることにする。

　現状では各国の航空会社が異なった出発点を抱えている。たとえば航空会社の効率や規模は各国・各社によりかなりの差が見られる。規制制度は国により市場により異なる。またインフラ設備に対するアクセスも異なる。これらの違いのあるものは固有の比較優位性を反映し，他のあるものは市場の不完全性あるいは制度の取り決めに基づく歪みが原因となっている。これらの違いは航空会社の構造上の変化に対する対応能力に影響すると思われる。それらはまた構造上の変化の速度に影響を及ぼすであろう。航空産業の資本集約的性質およびその資本費の構造（すなわち高いサンク・コストの水準）により事情は一層複雑なものとなる。政策決定者にとっては国際航空輸送部門を対象とする制度的

な取り決めを行う場合に，これらの違いをどの程度考慮すべきかを考えなければならない。

ほかに考慮すべき問題としては，インフラ設備についての現行の利用可能性および配分に関する困難な問題があり，これらは新たな型の需要に対する航空会社の対応能力および運航費を極小化する際の航空会社の対応能力を左右する。国際航空は空港の施設および航空管制ないし航行システムに大きく依存する。構造的な調整の過程においては，インフラ設備の利用に関する技術的および経済的な非効率性のみならず，インフラ設備の物理的に利用可能な水準が適切でない場合にも構造調整の妨げとなる。

多くの制度上の要因もまた構造改革の型と速度に影響する。航空サービス協定の影響は別として，所有形態に関するルールも構造の変換にとり障害として作用することがある。多くの場合，航空会社の所有形態が公営部門から民営部門に改変すると構造上の調整は容易になる。所有に対する制限を含めて，あまりに厳格な投資制限は航空会社にとっての弾力的な対応力を低下させ，構造上の変換を進めるために必要な資金の利用を制限することになる。究極的には，これらの障害は構造の調整過程の速度を遅くし，非効率的な会社の構造と市場の歪みをもたらすことになろう。

制度上の問題としては競争政策に関係するものもある。とりわけ競争のルールに関して透明性を欠く場合には問題が生じる。この他にも競争政策の違いやOECD加盟各国のルールとOECD全体のルールとの間の不一致は構造改革にとって制度上の障害となるであろう。

航空輸送を支配する拘束的な制度上の取り決めは経済的，社会的および技術的な環境におけるダイナミックな変化に対して航空輸送部門が構造改革を行う場合の障害となるであろう。一般的にいって本書の分析では，政府が航空輸送部門において介入すべきケースは，競争法の適用（たとえば合併にみられるような一般的な政策およびCRSにみられるような航空輸送の特殊な政策），利用者保護，環境，保安および安全に関して規制すべきケースおよび社会的理由により適切な航空サービスを確保すべきケースに限定される。もっとも政府はほ

かにも介入すべき分野を持つが，それらは単に航空輸送部門についてのみならず，他の経済部門にとっても共通の介入すべき意味を持つものといえよう。

構造改革の過程にまつわる固有の困難さは，その大部分が市場環境における各航空会社の競争力の違いに由来するものであり，そして問題の市場環境は，航空会社を発展させてきた制度上の枠組みに由来するものでもある。スタート時点におけるポジションの違いは明らかに，どのような改変的戦略（transition strategies）が最も効果的かを決める際に影響するであろう。これらの改変的戦略の中には航空サービス協定を締結あるいは改訂し，インフラ設備の容量を割り当てるなど多くの個別的なトピックスが含まれる。航空サービス協定は現在存在する規制の枠組みの基礎をなしている。もっとも改変措置の戦略の中には，自由な多国間構造を素早く取り込むというようなラディカルな制度上の変化を含む場合もあるが，制度の急激な変化に伴う改変コストとそれに関する政治的な現実性を考える時，二国間，地域間および多国間レベルの対策を組み合わせた漸進的なアプローチが唯一の現実的な選択といえる。

ところで規制制度を何らかの形で変化させる場合，その場合の富の分配上の意味を充分に認識することが重要である。ある場合には必要な変化を政治的に実行可能なものとしたり，社会的に容認してもらうために，制度を変えることにより不利益を受ける人たちの負担（たとえば失業とか就労条件の劣悪化）を軽減する目的で政府が介入することが必要な場合もあろう。もちろん，この種の政府の介入が改革により期待される全体的な便益を大幅に制限することのないよう配慮する必要がある。変化に対する過度のコントロールは，国際航空輸送部門において期待される構造改革の潜在的な利益を少なからず薄めてしまうことになりかねないし，そうなればグローバルな経済の発展への影響はさらに大きくなる。

国際航空輸送の現実の枠組みは複雑かつ相互関連的な枠組みであり，したがってこの部門が関係する他の規制構造の問題も合わせて検討することが重要である。改変措置もまた航空サービス協定の変更とは別個に取り扱うことが可能な制度上の変化を含むこともあろう。たとえば航空会社の所有，競争政策，補

助，インフラ設備のアクセスに関する変化などである。制度上の改革は，扱われる問題が関係する全領域を通して首尾一貫したものでなければならず，そしてこれらの変革は相互に補強し合うものでなければならない。さらにその場合，OECDに加盟していない国々の立場も重要であろうし，したがって理想的な言い方をすれば，OECD内の変化は，OECD以外の諸国が今後一層深い関係を持つようになる事態に配慮した改変措置を考えるべきである。

B. 政策提言

　国際航空輸送における政策策定の目的は，国際航空がOECDの組織内および世界経済全体を通して健全な経済発展に充分貢献することにある。以下の部分で取り上げる分析的な結果によれば，航空市場はきわめて広義の有効競争が支配しうる市場であるといえる。この有効競争の概念は，一方において市場が適切に機能するためのゲームのルール作りとそれに必要な一般的な規制構造の確立は政府の役割であることを認めつつ，競争の過程を最大限利用しようとする考えなのである。

　以上のような背景により次のような行動を提言する。

1. 国際航空輸送の自由化のプロセスは今後とも継続すべきである。

　上に述べた航空政策の目的を実現する一つの重要な手段は国際航空市場の自由化を一層推進することである。輸送容量決定の自由，運賃決定の自由および市場アクセスの自由を通してみた自由化は，既存の二国間協定および地域グループの協定においては徐々に実を結びつつあるが，国際航空が直面する現行の問題をみる限り，質的にも量的にも自由化の一層の推進が求められるであろう。

1.1. 二国間の航空サービス協定を一層自由化すべきである。

　グローバルな水準でみれば国際航空に対する制度的な決定は支配的に二国間

協定によるものである。この方式は現実的な強さと弾力的な対応を示してきたが，その運用いかんによっては長期的に国際航空部門の発展を妨げることも起こりうる。もっとも，自由な多国間体制に向かうべきケースも考えられるが，現実問題としてこの多国間体制は短期的にも中期的にも現実性に乏しい。したがって今後の展開は主として二国間体制に基づくものであろう。

それゆえ，以下のように提言する。
——輸送容量，運賃および市場へのアクセスに関する自由化を一層進めるべきである。
——二国間協定に関しては一層透明性を高めるべきである。とりわけコンフィデンシャルな協定事項の使用は最小限に抑制すべきである。

1．2．地域協定および複数国間協定（plurilateral agreements）は質的にも面的にも一層拡大すべきである。

国際航空市場に関する地域協定は，地理的な経済圏の一般的な拡大化の結果として発生したものである。この地域協定により，類似の問題を抱えた多数の国々が，それらの国同士の国際的航空市場への参入規制を少なからず取り除くことができ，そしてこれらの国の航空会社の間の競争をより自由なものにしている。この自由化のプロセスはこの種の協定を質的に深め，かつ面的に拡大することにより一層発展させることが可能であろう。

それゆえ，以下のように提言する。
——相互の政策調整（co-ordination），相互理解および調和の手続きを通して地域内および複数国間の自由化を推進するよう努力すべきである。
——異なる地域協定および複数国間協定の連携を高める努力をなし，同時に地域間の政策的収斂の手続きがとられるべきである。
——国際航空輸送における地域協定および複数国間協定は，可能な限り，問題の地域グループに所属しない国々をも受け入れるオープンな性格を持つべきである。

2．国際航空輸送に対しては，可能な限り首尾一貫して競争政策が適用されるべきである。

　国際航空市場は，他のいかなる市場と同様，市場の不完全さや反競争的な行為にさらされる可能性がある。それゆえ，各国の競争を擁護する法律や政策を適用して競争が過度に制限されたり，歪みを生じないよう対処する必要がある。国際的なレベルでは，競争法およびその施行基準の違いが実質的に競争を歪めることのないよう政策的に対応すべきである。長期的には立法の一元化により競争法の違いが徐々に減少することが望ましいであろう。

2．1．一般的な競争政策の採用が促進されるべきである。

　すべての OECD 加盟国は一般的な競争政策を備えており，通常の状況ではこれらの政策でもって国際航空サービスの市場における不完全さを適切に処理するであろう。他の産業についてみられるように一般的な競争法が，原則として，航空輸送部門の特殊性を考慮するに必要な法の柔軟性を備えている。

　それゆえ，次のように提言する。

――国際航空輸送は競争政策の一般的な枠組みの中で取り扱われるべきである。可能な限り航空セクターは，合併や支配的な地位の乱用についてと同様，カルテルおよび他の反競争的協定を抑制するに際しては国内法あるいは，必要ならば超国家的な競争法に従うべきである。

――競争ルールは，通常，一国のあるいは超国家的な競争監督機関により施行されるべきである。管轄が複数の機関にまたがる場合には，これらの機関は遅延なく首尾一貫した分析手法により対策を講じるよう努力すべきである。

――航空輸送のみを対象とする政策を実施する場合は例外的な状況，そして明確に規定される状況に限られるべきであり，可能な限り一般的競争政策の枠組みの中で航空輸送の政策を実施すべきである。

2．2．長期的には，一般的競争政策の国際的な一元化が望ましい。

各国政府は，競争政策へのアプローチおよび競争政策における介入の対応が異なる。この差異は，他の国際的な経営に従事する部門におけると同様，航空会社に対し，（情報入手のための）付加的な取引費用を課すことになり，そして結局，その費用は利用者に転嫁されることになろう。

それゆえ，これに関連して次のように提言する。

——OECD の加盟国間ではすでに実施中であるが，国家単位の競争政策およびその強制に関する一元化のプロセスは今後とも継続すべきである。そしてその際，問題の一元化は適切な基準に向かうよう配慮すべきである。
——競争ルールが一元化していないということを理由にして国際航空輸送の自由化を求める他の対策の法制化を妨げてはならない。

3．民営化を助長し，そして外国資本による所有制限は徐々に緩和されるべきである。

所有形態の違いは航空会社の効率性に影響を与え，航空会社の営業および資金調達の選択に影響しうる。日常の営業活動において国有の航空会社は民営の場合に比べて，一層政府の介入を受けやすく，このことが市場原理に基づく行動の選択を弱めることになる。さらに国有形態の下では航空会社の長期計画が，経済的基準（economic and financial）によるよりは，むしろ政治的基準により決定される可能性を持つ。国内の資本市場あるいは政府の資金源に依存することはかえって航空会社が利用しうる資金調達の幅を狭めることになる。

3．1．航空会社の民営化を促進すべきである。

私有形態をとる国際的な航空会社は一般に，国有形態をとるものよりも経済的により一層効率的であることが実証されている。私有形態は構造上の調整を行う枠組みをより弾力的なものにし，とりわけ政府の厳しい予算制約がある場合には，より幅の広い資金源へのアクセスを可能にする。航空会社の経営においては，私的な所有形態はより明確な経営目的を与え，政治的介入の機会をよ

り小さなものにする。

　それゆえ，以下のように提言する。

　——国際的な航空会社の民営化を助長すべきである。

　——私有形態の航空会社は，自己の経営に政府の介入を許すことなく私企業として行動できるようにすべきである。

　——航空会社がなおも国有形態を維持する場合には，その航空会社が完全に市場原理に基づいて行動するよう義務づけるべきである。

3．2．外国資本による航空会社の所有制限は緩和されるべきである。

　徐々に規制は緩められてきているが，未だ多くの国が外国資本による航空会社への投資および航空会社の支配について制限を設けている。この種の制限は航空部門における長期の構造改革を妨げ，適切な資金調達を制限し，それゆえに航空会社の効率性の向上を妨げている。株式の所有は，ナショナル・フラッグ・キャリアを保護する一手段として用いることも可能である。コード・シェアリングとかほかの型の提携が進めば投資に関する制限問題もある程度は回避することができるであろうが，外国資本による航空会社の所有をより自由にすることにより航空会社の経営の柔軟性を一層高めることができる。

　それゆえ，次のように提言する。

　——国際的な航空会社への外国資本の参加および外国資本による経営権の支配に関する制限は徐々に緩めるべきである。

　——このような外国資本の取扱いに関する変更が，便宜置籍国の国旗の利用を助長することのないよう必要な手段を講じるべきである。

4．国庫補助および他の形態の財政援助は，特別な状況は別として速やかに廃止すべきである。

　直接的および間接的な国庫補助は市場を歪め，そして経営上のインセンティブを低下させる。ある種の例外的なケースにおいては，主として政治的あるいは社会的理由により，構造上の調整を容易にするため政府が一時的に補助すべ

き正当な理由を見出せる場合もあろう。さらにまたたとえば，特定地域に不可欠のサービスを提供したり，社会的ニーズを満たすために補助を継続することが妥当と思われるケースもあろう。しかし社会的に必需性の高いサービスに補助を与える場合には，市場の歪みを最小限にするもの，および補助が効果的に利用されるアプローチを選択すべきである。

4．1．航空会社の構造調整を促進するための国庫補助は厳密に制限されるべきである。

　国際航空市場の中には高い水準の直接，間接の補助が与えられ，それが市場を歪めてしまっているものもある。このような補助は中止すべきである。これまできわめて強い規制が施かれていた市場に有効競争を導入する場合に，効率的な構造改革を実現するための，期間を限った暫定的な補助を与えるべきであると主張する国もあろう。このような暫定的な補助は，構造上の変化を政治的に可能にし，また社会的に容認しうるものとするためには必要な補助と見なしうる場合もあろう。

　それゆえ，次のように提言する。
　　――航空会社に対する国庫補助は，直接，間接を問わず，すべて廃止する政策を考えるべきである。
　　――もし産業の構造改革を支援する目的で国庫補助を行う場合には，その補助目的を明確にすべきである。また補助を与える場合には，その補助による市場の歪みを抑制する特別の措置を合わせて講じるべきである。この種の補助は厳正に評価され，透明性を維持し，実行に際しては充分に監視され，そして事前に提示された明確な予定表に基づいて段階的に廃止すべきである。

4．2．社会的に不可欠な航空サービス（essential service）に現行の補助を与える場合には，明確に定義された基礎に基づいて供与すべきである。

　例外的な状況の下では，若干の国際航空サービスに対し補助を与えることが経済的に妥当と見なされる場合もあろう。これらの状況は社会的に不可欠な航

空サービスの提供に関係するものであろう。しかしこのような状況ですら，可能ならば補助の支給を回避すべきであり，また補助を与える場合には提供されたサービスの効率性を最大にする補助制度を考えるべきである。

それゆえ，次のように提言する。
——社会的ニーズに応えて補助が与えられる場合には，その特別な目的および正当性が透明でなければならない。
——国際線の社会的サービスに対し補助を与える場合には，国際的に競争的な入札制を通してその補助が与えられるべきである。
——入札手続きおよび入札の説明に関しては特定の航空会社が有利に取り扱われてはならない。

5．航空輸送のインフラストラクチャーは効率的に利用されるべきである。

インフラストラクチャーに関する隘路の存在は，国際航空部門の効率的な利用にとり最も重要な障害物の一つである。空港および航空管制システムができる限り能率的に管理されることは不可欠であるが，国際航空輸送の将来の課題に応えるためには適切なインフラストラクチャーを適切な水準で供給することが等しく重要な問題である。さらに航空会社によるインフラストラクチャーへのアクセスに関して差別的な取扱いが存在すれば，これもまた効率性を損なうことになる。

5．1．航空輸送のインフラ容量も効率的に管理されるべきである。

航空輸送のインフラストラクチャーが効率的に管理されるためにはまず問題のインフラストラクチャーに求められる目的が明確でなければならず，そして監視体制が整っていなければならない。私的経済部門で資金調達へのアクセスが自由ならば資金の弾力的な利用が可能となり，確立した商慣習が支配することになる。インフラストラクチャーに関しては経済原則に基づく適切な価格が決定されるべきであり，これにより市場の参加者に対しては商業的なニーズと優先順位の適切な情報が発信されなければならない。最良の入手可能な情報に

基づいて決定がなされ，しかも環境問題を含むすべての便益と費用が考慮されることが重要である。現実的に利用可能となった新技術はできるだけ早期に導入し，OECD加盟諸国が抱える航空管制システムの問題の解消に役立てる必要がある。

　それゆえ，次のように提言する。
　——インフラ投資のための資金源は他の経済部門と同程度に利用しやすいものとすべきであり，とりわけ航空輸送インフラに対する資金源を一層拡大するために私的な金融市場へのアクセスを自由にすべきである。
　——航空輸送インフラにおける投資決定は，すべての私的および社会的な費用・便益を考慮して，迅速に行われるべきであり，かつ投資は費用効果（cost-effective）を持つものでなければならない。
　——純粋な利用料金と間接的な税とは明確に区別すべきである。この区別された枠組みの中で空港および航空管制・航空システムの受益者はフル・コストの経済原則に基づいて料金が課せられるべきである。

5．2．国際的な航空輸送インフラへのアクセスは差別的であってはならない。

　インフラ容量は限定されており，それへのアクセスは航空会社の競争条件を左右する。不平等なアクセスの機会は効果的な参入を妨げ，航空会社間の競争を歪めることになる。航空輸送インフラへのアクセスにおいて差別的な取扱いがあってはならず，特に空港施設のアクセスに対し差別的であってはならない。このことはスロットの配分や地上ハンドリングのようなものについてもいえる。
　それゆえ，次のように提言する。
　——航空会社の市場参入が不当に妨げられることのないような空港利用のメカニズムが導入されるべきである。
　——二次的なスロット取引および他の市場機構に基礎をおく利用制度を考察すべきである。
　——空港インフラの利用に関するあらゆる形態の差別行為は中止すべきであり，また反競争的行為（地上ハンドリングを含む）は廃止されるべきで

ある。

6．環境保護および利用者保護については，安全および保安の問題と同様，今後一層意識を高めるべきである。

　国際航空サービスの利用者は多様な方法を通して，しばしば複雑な情報にさらされており，またそのような機会は今後ますます増えることが予想される。自由市場が効果的に機能を果たすためには潜在的な利用者は，適切かつ偏らない情報にアクセスできる状況におかれなければならない。利用者の中には手荷物の紛失，事故，遅延について航空会社の責任は明確でないと考える者もあろう。さらに政府としては環境，安全および保安についての政策を今後とも発展させ，調整する役割を担っている。

6．1．利用者の情報と保護をより高い水準に引き上げるべきである。
　国際航空部門は急速に発展している。新たな提携方式とりわけコード・シェアリング協定は確立しつつあり，マーケティングと流通制度は変化し，サービスの内容とその運賃はますます多様化しつつある。国際航空におけるこのような発展を通して利用者が充分な利益を享受するためには，遅延，手荷物の紛失あるいは搭乗拒否のような事柄に関連して情報や利用者の保護が強化されなければならない。
　それゆえ，次のように提言する。
　——サービス内容および運賃に関して，利用者が容易にしかも明確な情報を入手しうるよう航空会社の側で努力しなければならない。
　——利用者には，問題のサービスを実際に提供する航空会社の名称，途中降機あるいは他の航空機への乗り換え等を含め，サービスの詳細な情報が伝えられねばならない。
　——いずれのフライトに関しても顧客に対する航空会社の責任は明確に定義されなければならず，また顧客は彼らの有する権利について充分な情報が与えられなければならない。そして実際に損失が発生した場合には，

法的に回復可能な損害に対する航空会社の責任額は限定されるべきでない。

6．2．国際航空が技術的に安全であり社会的にも充分な保安対策を講じ，また環境的にも過度な破壊を与えないよう今後とも国際的な協調行為が継続されるべきである。

　国際航空輸送は着実に安全性を増している。しかしながら可能な限り事故リスク率（the accident risk rate）が今後とも低下しつづけることを保証する必要がある。同様に，航空機の騒音レベルも低下し，一般的にいって大気汚染のレベルも低下しつつある。他方，空港のデザインや使用方法の発達と相俟って航空管制の改善が航空機の利用を環境的によりやさしいものにしている。しかし他の経済部門と同様，国際航空輸送はなお環境に有害な影響を与えていることを忘れてはならない。

　それゆえ，次のように提言する。

　——リースを含めて，国際航空の安全性と保安性に関する高い水準を維持するため今後とも継続して対策を講じるべきである。
　——環境保護を考える場合，その対策が，航空会社に与える何らかのマイナスの負担を上回る成果をもたらす効果的な政策を策定すべきである。
　——とりわけ ICAO の主催の下に，航空輸送における環境基準および安全基準の国際的な調和を一層推し進めるべきである。

7．分析的な研究に支えられた国際的な政策ダイアローグを推進することは有用であろう。

　国際航空輸送における有効競争の環境整備のため，いろいろの提言を実施するには時間を要するであろう。さらに市場条件は変化・発展し，そして新技術が出現するということは，有効競争を実現する条件が変化することを意味する。このような競争的枠組みの形成は政策ダイアローグにより前進するであろう。

7．1．二国間レベルの政策ダイアローグは多国間レベルの政策ダイアローグにより補完されるべきである。

　国際的な航空政策を成功させるにはいくつかの次元の対応策が必要である。既存の政策決定に関する二国間構造および地域構造はなお発展の余地はあるが，グローバル経済の下でますます重要性を増す国際航空輸送にとっては，より高次元の多国間レベルの政策ダイアローグもまた必要となろう。

　それゆえ，次のように提言する。

——国際航空政策の将来の発展において関係国間の調整をはかるために，政策ダイアローグに関する適切な多国間ルートを確保すべきである。OECDに関しては，多部門にわたる分析能力および国際的な経済政策に関する豊かな理論と実戦の経験という比較優位性をフルに利用すべきである。この種の問題にとりとりわけ関係のある事柄は，OECDで現在進行中の構造調整，規制改革および競争政策に関する研究である。

7．2．データの収集およびその発信について改善する必要がある。

　国際航空政策を発展させるには，この部門が有する本質をより良く理解し，政策改善の含意を充分理解する必要があろう。この目的を実現するためにはまず適切な情報とデータを入手することが不可欠である。

　それゆえ，次のように提言する。

——国際航空市場の分析を改善し，そして航空輸送政策についてより緻密な議論を可能とするために，まず国際航空市場に関するより完全かつ体系的なデータを収集すべきである。

第1章 経済活動のグローバル化:傾向と予想

1. 経済活動のグローバル化

　国際航空輸送は,これまでと同様,今後とも経済活動のグローバル化により,大きく影響されるであろう。所得と国際貿易は,全体的な航空輸送の成長を左右する重要な決定要因であるが,航空輸送産業の構造はまた他の経済的,社会的,地理的および政治的要因からも影響を受ける。国際航空の長期的な発展を考える場合には,基本的な決定要因について将来の傾向線を知るとともに,航空輸送の規模や構造に影響を及ぼす複雑な一連の要素を理解する必要がある。

世界経済における全体的傾向

　これまでのところ所得の伸びが,世界全体を通してみた場合の航空サービスの成長を決定する基本的な要因であった。図1-1は世界規模でみたGDPの成長率と航空旅客輸送の間の高い相関を示している。この図はまた航空旅客輸送の水準と成長の振幅がともに所得の成長の数値よりも大きいことを示している。所得が航空需要にとって重要な意味を持つ以上,民間航空輸送部門の成長およびその予測に関する分析は,いかなるものであれグローバル,特定地域および各国それぞれのレベルの所得の変化を考慮しなければならないであろう。

　表1-1は,OECD加盟国およびそれらの主要国における実質成長率を示しているが,1960～97年のうち1995年～97年は推定値である。他方,表1-2は地域グループについてみた1966～95年のGDPの成長率である。過去35年間に

図1-1　世界の旅客キロとGDPの伸び

出典：OECD.

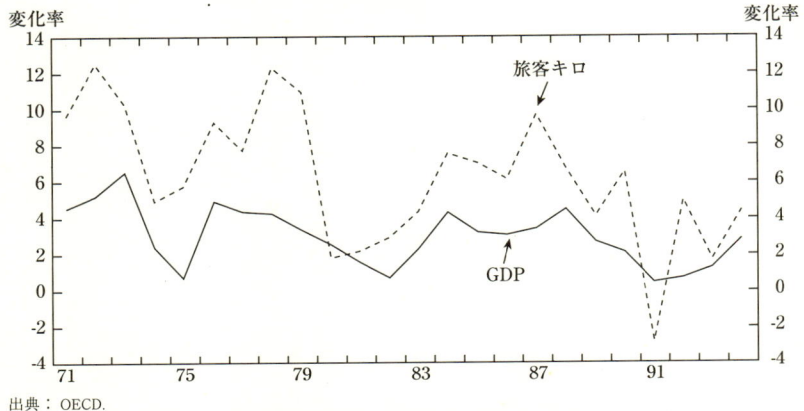

表1-1　OECD諸国におけるGDPの伸び (1960～97年)

	1960～93年平均	実質GDP成長率			
		1994年	1995年*	1996年*	1997年*
アメリカ	2.9	4.1	2.0	2.3	2.0
日本	5.9	0.5	0.9	2.2	2.4
ドイツ	3.0	2.9	1.9	0.5	2.4
フランス	3.4	2.8	2.2	1.0	2.4
イタリア	3.6	2.2	3.0	1.7	2.3
イギリス	2.2	3.8	2.4	2.2	3.0
カナダ	3.8	4.6	2.2	2.1	3.4
OECD (ヨーロッパ)	3.1	2.4	2.7	1.6	2.7
OECD総計	3.5	2.9	1.9	2.1	2.5

注：*印は推定値。
出典：OECD.

ついてみるとOECD全体のGDPの年平均成長率は約3.5％であるが，米国およびヨーロッパのOECD加盟国は若干この数値を下回り，他方，日本はこの平均値をかなり上回っている。表1-2によれば先進工業国の成長率は平均的な数値を示すが，東アジアの発展途上国および南アジアの発展途上国は世界の経済成長の主たる担い手であることを示す。

　この成長を引き出すについて主要な触媒の一つとして役立ったのが急速に拡大した国際貿易であった。この国際貿易の急速な拡大は情報，通信および輸送にかかわる急速な技術進歩により可能となったことは事実であるが，貿易障壁

表1-2 国家グループにおける実質 GDP の伸び

	1966～73年	1974～90年	1991～93年	1994年	1995年*
工業国	4.8	2.8	1.2	3.0	2.5
東アジアおよび太平洋	7.9	7.9	8.7	9.7	9.2
南アジア	3.7	4.9	3.2	5.7	5.5
ラテンアメリカおよびカリブ諸国	6.4	2.6	3.2	4.9	0.9
東欧および中央アジア	7.0	3.3	−9.0	−8.4	−0.7
中東および北アフリカ	8.6	1.4	3.4	2.1	2.5
サブ-サハラ・アフリカ	4.7	2.2	0.6	1.7	3.8

注:*印は推定値。
出典:世界銀行。

表1-3 OECD 諸国についての財とサービスの実質輸出の伸び

	1960～93年平均	実質輸出伸び率			
		1994年	1995年*	1996年*	1997年*
アメリカ	5.9	8.3	8.3	7.7	8.0
日本	9.6	4.5	5.0	5.2	7.5
ドイツ	5.6	7.5	3.8	5.3	6.9
フランス	6.3	6.0	5.9	1.6	6.6
イタリア	6.9	10.9	11.1	3.4	5.7
イギリス	4.0	9.0	5.7	5.0	6.1
カナダ	6.6	14.2	11.8	7.1	7.6
OECD (ヨーロッパ)	5.6	9.0	6.6	4.7	6.6
OECD 総計	6.0	8.2	7.7	6.3	7.3

注:*印は推定値。
出典:OECD。

が大幅に撤去されたからでもある。OECD 諸国の財・サービスの実質輸出高は1960～93年の間に年平均6％の割合で成長したが,これは GDP の成長率のほぼ2倍の速度である(表1-3)。1981～93年の商品輸出の成長率は年平均5.4％であった。この場合もまた東アジアと南アジアの発展途上国は,先進工業国および他の発展途上国よりもはるかに高い成長率を示した。

航空輸送産業の全体的な成長にとって所得と国際貿易は重要な決定要因であるが,航空輸送産業の形態,地域的集中および運航構造は企業の生産システムおよび流通システムのグローバル化により大きく左右される。この種のグローバル化にみられる重要な一面は,生産設備(productive assets)の国際的な所有が大幅に増加しているという事実である。過去15年についてみると対外直接

投資（FDI）の流れはGDPの成長率のほぼ4倍の大きさを示している。世界全体としてみた対外直接投資の累積額は1970年代に2,500億ドルに達していたが，この数値は1980年代に入って4倍以上の増加を示している（OECD 1995a）。

このことは外国所有の生産設備のストックを世界全体として1兆7,000億ドルにまで押し上げることになり，これは1980年代の初めの数値に比べて3倍以上の大きさである。1990年代の初めには3万7,000ばかりの多国籍企業が世界全体として約20万の外国の関連会社を支配し，約7,300万人の従業員を雇用した。今や世界の全生産高の3分の1が多国籍企業の生産によると推定されている（United Nations Conference on Trade and Development 1994）。多国籍企業は，統合化された国際的生産ネットワークの確立を通して，国際的な取引を前例のない水準にまで引き上げるについて指導的な役割を果たし，同時にこの国際的生産ネットワークは財やサービスの生産の特化の範囲を拡大した。

市場のグローバル化は生産連鎖のインプットとアウトプットの両面に影響する。かくして経営の管理技術や商取引はますます国際市場での製品のマーケティングと販売に向けられている。企業活動のほとんど全分野で新たな生産技術や生産方式が複雑な国際的ネットワークの確立に役立ち，生産の連鎖の各部分でそれぞれの機能が最も効率的に実行できるように生産の分割が行われている。このことは，とりわけ国内ソーシングに対する国外ソーシングの割合として見ることができ，過去10年間についてみると，主要なOECD諸国のうちの一国を除けばこの割合はすべての国でますます高くなっている（Wyckoff 1993）。主要国の全輸入額の少なくとも50%は今や，国内での組立てのために外国でアウトソーシングされたものの輸入品である。

国際市場で競争するためには企業はますます高度な技術，最大限の柔軟な対応，顧客のニーズに適した商品の開発，そして供給者にとっての広域のネットワークの整備が必要となる。近代的な情報・通信技術に支えられて初めて，グローバルな規模で営業を行う子会社のネットワークを確立することができる。最近では国際的な下請け契約，フランチャイズ契約，ライセンス契約，ジョイント・ベンチャー，研究開発の提携その他の協同契約により，国境を超えた多

様な協力体制により競争条件を整備する方式がますます重要になっている。実際，このように企業同士の国際的に柔軟な関係が急速に増えつつあるということは，グローバル化の過程の中で最も注目すべき最近の新たな動きであるといえよう（OECD 1992a）。

深化過程としてのグローバル化

統合化された国際的生産・流通システムが出現するためには，その前提条件として財・サービスの取引に関する自由化，資本移動の自由化および金融市場の自由化を必要とした。そして GATT はこれまで貿易の自由化に対する多国間アプローチの中心的存在である。繰り返し開催されてきた GATT ラウンドにより関税や数量割当てのような伝統的な貿易障壁が低くなり，OECD 加盟国の工業製品に対する平均関税率は，1950年代の初期には15～20％であったものが1970年代初期には10％以下に低下し，さらに1990年代の初めにはすでに7％を割っていた。一定の技術水準の操作にみられるような非関税障壁が出現するようになり，1973～76年の GATT の東京ラウンドではこの非関税障壁が交渉項目に含まれることになった。

ウルグアイ・ラウンドの開催と世界貿易機関（WTO）の設立は経済活動の国際化が引き起こした貿易問題への措置であった。とりわけその際，非関税障壁の思い切った引下げが強調された。また自由化政策の範囲は農業，繊維およびサービス産業（国際航空の一部を含む）に拡大され，続いて貿易に関連する投資や知的所有権に関係する対策にまで拡大し，そしてその後，政府の調達分野にまで拡大された。なお現在では自由化のルールと基準がより一層明確になり，WTO の下により強力な紛争処理手続きが存在する（GATT 1994a）。

資本市場とサービス部門における自由化の努力は，技術的な発展にも支えられて，資本とサービスに関する国際的な取引の範囲を拡大した。世界経済のグローバル化の進行は，少なからず金融市場の自由化に負うている，というのも自由化を受け入れた金融市場が生産設備の世界規模のリストラクチャリングに必要な，低コストの資本調達を可能にしたからである。同時に，航空を含む交

通の技術および情報・通信の技術の進歩を通してサービスの取引に関する障壁が急速に侵食された。事実，サービス部門における取引は世界の貿易における最もダイナミックな動きを示す部門であり，1980〜93年についてみると製品取引の年平均成長率が4.9％であったのに対し，サービス取引の成長率は7.7％であった（World Bank 1995）。サービス部門はまた1990年代の初期には，すでに OECD 諸国の対外直接投資流出量の50％を超えていた。

　サービス改革の主要な推進者は知的サービス（knowledge-based services）であり，これの能率的な提供が企業の競争力を維持する必須の条件となった。またビジネス・サービス（たとえば会計業務，コンピューター計算，在庫管理，品質コントロール，マーケティング，広告と流通）と生産過程およびそれに続くサービスのアウトソーシングをより明確に区別できるようになり，この知的サービス部門における生産・取引が大きく伸びた。

　グローバル・ビジネスの方式によりもたらされた国際的な経済関係の深化は国際貿易の制度にいくつかの重要な結果をもたらした。まず第一に，企業内取引（intra-firm trade）の割合が増加した。今や世界貿易の約3分の1が企業内取引であると推定され，特許権の使用料およびライセンス使用料の80％は企業内ベースで決済されている（Vickery 1993）。第二に，製造業においては産業内取引（intra-industry trade）がその取引総額の中でかなりの部分を占め，かつその割合は今なお成長しつつある。1990年代の初めについてみると OECD 加盟国の取引総額の2分の1から4分の3がこの種の取引であった。この産業内取引の成長は，子会社間の取引である場合と，独立してはいるが相互に連携し合う企業の場合の二つがある。第三に，工業国における企業が生産過程の中でますます低容量・高付加価値の部門に集中し，そして中間的インプット（intermediate input）に対してはますます国際的なソーシングに依存するようになり，国際ソーシングの内容が一次商品から中間生産物に移行しつつある。実際，過去20年間についてみると OECD 諸国の工業製品の輸入額に占める中間生産物の割合は一貫して上昇している（Wyckoff 1993）。

拡張過程としてのグローバル化

これまでますます多くの国が世界経済に統合化されているが，これは国際貿易システムにおける主要な発展の一つと見なすことができる。この統合化は一つには，国際競争から自国の国内経済を保護する内向きの政策（inward-looking policies）では発展途上国が長期の経済的成長の恩恵をフルに手に入れることができないということを悟ったからである。東アジアおよび東南アジアの諸国が，外向きの経済戦略の採用によりどのような成功をもたらしたかは資料により充分裏づけられているが，他の諸国は必ずしも上記の国々と同じように成功したわけではない。東南アジア経済にとり有利に展開した一つの理由は，これらの国々が1960年代と1970年代初期の経済的ブームの時期に自由化戦略への切り換えを行ったからである。これに反し他の諸国の自由化は時期的に前者に遅れをとったといえる（Krueger 1992）。

国際貿易システムに出現した他の一つの重要なグループは，中東欧の以前の東欧経済相互援助会議（the Council of Mutual Economic Assistance）に所属した国々である。これらの諸国における経済改革は，一つには市場経済を動かすに必要な組織がそれまで存在しなかったこと，そしておそらくは自由化と統合化への切り換えが戦後最悪の世界的な不況期の一つと重なったことにより，改革の努力が実を結びにくい状態におかれた。とはいえこれらの国のいくつかのものは民営化と自由化に成功し，生産力は飛躍的に伸び，貿易の統合化が急速に進展した。

多くの国が次々と世界経済に組み込まれた結果，先進工業国と発展途上国を区別する境界線はあいまいになってしまった。いくつかの東アジアおよび東南アジアの経済圏は，ラテン・アメリカのいくつかの諸国でも経験したように，国際貿易の舞台で重要な役割を果たすようになった。これらの国の GDP の成長率は先進工業国の成長率をはるかに上回り，また世界全体の対外直接投資に占めるこれらの国のシェアも大きくなり，世界経済におけるこれらの国の重要性は大幅に増加した。世界の輸出に占めるアジア諸国のシェアは，1983～93年

の10年間に19.1％から26.3％に増加した（GATT 1994b）。今後，自由化と外向きの経済改革が継続するにつれて，経済的により進んだ中・東欧の諸国（CEECs）もまた早急に世界経済の主流に参加するであろう。

グローバル化と地域的統合

グローバルな相互依存関係の進展と平行して，いくつかの重要な地域内の統合化が協定という形で成立した。ヨーロッパではEUの単一市場の計画が財，サービス，資本および労働力の移動の自由化に貢献した。北アメリカでは北米自由貿易協定（NAFTA）の成立が，基本的に工業製品および農産物に関する自由貿易ゾーンを確立し，同時にこれはまたいくつかのサービス産業も包含するものであった。アジアではASEAN自由貿易協定を通してASEAN経済の一体化を深める試みが具体化し，アジア太平洋経済協力閣僚会議の重要性がますます増大している。

これらの地域協定は，少なくとも部分的には，第三国に対抗して加盟諸国の競争的地位を強化することが意図されているので，地域協定は敵対的な貿易ブロックの形成につながるのではないかという疑念が生まれる。もしそのようなブロック化を導くのであればこの種の地域協定は多国間の貿易システムの形成への努力と結果を台無しにすることになろう（Devos 1995）。しかしこれらの地域協定は多様な内容を持つのでこれら地域協定の影響力は容易に評価しえない。またこれら地域協定の大半がごく最近成立したものであり，これらの結果に関する知識も限られている。貿易の地域化はアジアやラテン・アメリカでも確認されるが，これらの地域では現在に至るまで未だ重要な地域的統合化をめざす協定が成立していないので（OECD 1994b），地域協定そのものの結果と国際貿易におけるより一般的な発展の結果を区別することは困難であろう。

一般的な結論としては，世界経済の発展と並んで地域化（regionalisation）も進行しているということ，そして地域的な経済統合の協定が成立したからといって，これによりその後の多国間貿易の自由化を求める努力が低下する兆候はないといえる（OECD 1995b）。むしろ多国間交渉の数次に及ぶ会議（ラウン

ド）が広範囲にわたって貿易障壁を低くしたので，地域的優先性を追加すべき相対的な重要性が実質的に低下している。さらにしばしば地域的な統合から多国間の自由化が発生するということも耳にする。通常，地域的な貿易問題と多国間の貿易問題は類似しているので，より広範囲な政策領域についてより徹底した自由化を可能にする地域的なグループ化は，グローバルな多国間ルールにより，適切にカバーしきれない分野の法規や手続きを考える場合の実験の場となりうる。

より高度の国際的特殊化

地域的な統合がもたらすシナジー効果と分業の深化・拡大が合わさると4次元のグローバルな変化が現れる。過去10年間を通して非OECD諸国の工業製品の輸出は大幅に増加している。この変化は概して，東アジアおよび東南アジアの諸国が輸出品を中級および高級のテクノロジー製品に集中しつつあるという事実を反映している。この変化により，以前はOECD内部に限られた産業内取引が今やOECDと非OECD諸国の間の取引をも特徴づけるようになっている。

グローバルな経営を行う会社はますます，中間コンポーネント製品（intermediate product components）の生産を専門とする特化した企業へ下請に出す。なおこれらの企業はしばしば最終の組立てが行われる国に立地している。ハイテク・コンポーネント製品のケースでは，これらの企業はしばしば最も有効な生産が可能な国でジョイント・ベンチャーとしてこれらの製品の開発と生産を行う。たとえば自動車および自動車部品産業（Smeets 1993; OECD 1992a），繊維産業（OECD 1994a）および家庭用エレクトロニクス産業（OECD 1994c）の経験を通してこのような状況を知ることができる。

数十年前，世界の自動車市場は主として北米およびヨーロッパに限られていたが，今日では，相対的に新興の生産者が強い立場を維持している。日本がまず最初にこの市場に参加したが，より最近では他の東アジアの諸国が参加するようになった。この新たな競争の結果，広範囲に及ぶリストラクチャーの過程

が始まった。生産設備の実質的な配置替えや株式保有に関する複雑な国際的ネットワークの形成，さらには共通の車両やコンポーネントの生産協定もみられた。新たな生産方法の一つの特徴はコンポーネントの生産のかなりの部分をアウトソーシングにまわすことにある。その結果としてコンポーネントの供給に対しジャスト・イン・タイム制度が導入され，これにより自動車メーカーは大量の在庫を抱える必要性を軽減することができ，そして供給者の特化を通して消費者の需要の変化に柔軟に対応する適応力を育んだ（Ryan 1994）。他の一つの効果は部品供給者の国際化であり，これにより供給者の数は減少し，コンポーネントは標準化されることになった。

　国際的な特化の浸透がとりわけ顕著なもう一つの産業は衣服産業である。この産業では生産の各段階で使用する労働力と資本の割合が異なるので，生産費を最小に抑えるために各生産活動が分割され，それぞれが異なった場所に立地する。消費者の重要な需要の変化，とりわけ製品の種類や品質に対するより強いこだわりが小売業者の商品の買付けを変えている。その結果，衣服製造業者の存続条件はますます彼らがジャスト・イン・タイム方式に基づいて製品をいかに能率良く引き渡せるかにかかっている。中・小規模の会社は比較的短期の生産に適し，短期の生産・配置サイクルに適した柔軟な生産方法を採用することにより新たな事態に対処してきたが，比較的に大規模な企業は規模の経済を与える生産ラインに生産を集中し，同時に直接的な人件費および資本費を少なくするために下請け契約を増やしている。このことは配送時間が少なくてすむという意味では国内の製造業者に有利に働くが，配送時間が重要な意味を持たない場合，あるいは人件費の節約分が大きいために高くつく輸送コストすら問題にならないという場合には，小売部門の集中化が海外のアウトソーシングを増やすことになる。

　グローバル化の傾向は消費者向けの電子工業部門においてもみられる。この産業は，主要な会社間を結ぶ広域のネットワークにより特徴づけられるが，さらに――コンピューターと通信とビデオの三つの機能を一体化するデジタル技術の導入により――異種産業間の企業提携により特徴づけられるものでもある。

一連のコンポーネントの生産設備や国際的な買付オフィスが各国に設置され，コンポーネントは生産が最も効率的に行われる国から買付けられる。ある典型的な日本の家庭用の電子工業製品の会社は，韓国で生産された抵抗器，台湾で生産されたコンデンサー，香港で生産された変圧器，マレーシアで生産された磁気ヘッドと集積回路そしてシンガポールで生産されたテレビ用の陰極線チューブを用いてマレーシアでこれらの部品の組立てを行うという仕組みになっている。そしてこの完成した製品はアジア，米国あるいはヨーロッパの市場で売られる。生産ラインごとの地理的な特化は，この産業のもう一つの特徴である。ある標準化した技術と大量の労働力を必要とする一般的な商品，たとえばラジオは，マレーシア，タイ，そして（最近では）中国のような開発途上国で生産され，他方，大型スクリーンテレビのようなより多くのハイ・テク技術を必要とする高付加価値の製品は先進工業国で生産される。

グローバル化と国際航空輸送

　一般的なグローバル化の過程で確認される傾向のうち多くのものは航空輸送産業についても同様に確認される。商取引，マーケティングおよび生産技術に関係する提携やフランチャイズ協定のような企業相互の協力体制，さらにはまた国際的な企業の合併と買収のケースは航空輸送産業においてもますます一般化している。航空会社は，これまで会計処理やデータ入力あるいはメンテナンス業務についてアウトソーシングを行い経営を国際化している。しかしながら国際航空輸送は単に世界経済の変化に対して受動的に対応するだけでなく，世界経済の変化を形成する積極的な一役をも担っている。特定地域が利用可能な比較優位の利益を実際に利用できるかどうかは，しばしば適切な航空サービスが利用できるかどうかにかかっている。同様に近代的な産業の立地を決めるについては高品質の国際的なコミュニケーションへのアクセスが重要な決定要因となる。

　数量的に確認することは困難であるが，生産，取引および投資協定の変化が国際的なコミュニケーションや商品の積み出しを大幅に増やし，これにより航

空機による国際的なビジネス・トリップや貨物輸送を伸ばしてきた。国際航空の旅客輸送ビジネスのうち40％が商用であり，そしてこれらビジネス旅客から得る運賃収入は航空会社の全収入の50％になるといわれている。それゆえ，1980年から1995年にかけて国際便の有償旅客は6,200億旅客キロから1兆4,000億旅客キロに増加したが，この増加分のかなりの割合，それゆえ，これらの旅客収入のかなりの部分がビジネス・トリップの増加によるものと考えられる。同時期の航空貨物輸送は370億有償トン・キロから1,000億有償トン・キロに増加し，今や世界の商品の取引高の3分の1を優に超えている。ICAO（1994a）の推定値によれば世界の輸出額の1％の増加は貨物サービスの需要の1.5％の増加をもたらすといわれる。

　航空輸送の構造に与える影響力をみると，会社の営業活動に関するネットワーク構造がますますグローバル化する場合，あるいは対外直接投資の流れがより一層地理的に拡散する場合，あるいは世界貿易に参加する企業の数が増える場合には，国内航空輸送に比して国際航空輸送の伸びはより大きくなることが期待される。国際貿易における三国間貿易の進展もまた同様の効果を持つと思われる，というのも製造工業部門に比べてサービス部門は相対的により一層，輸送インテンシブ（transport-intensive）な傾向を持つからである（Diamond and Spence 1989）。1988〜94年にかけて国内の航空旅客輸送は停滞していたが，国際航空の旅客輸送は，この間に年6％ずつ成長した。この事実は上記の国際航空輸送の特質を裏づけるものである。同様に過去20年間についてみると航空輸送全体に占める長距離航空輸送の割合は増加しており，この間平均的な旅客トリップの長さは43％増している（Rodrigues 1993）。最後に，東南アジアおよび東アジアの諸国における高い経済成長率はアジア／太平洋地域を含む国際航空輸送の大幅な増加をもたらし，20年前には世界全体の航空旅客輸送量の25％を下回った国際航空輸送は，今や30％を超える割合を示す状況にある。

　前節で取り上げた新たな状況の中で，いくつかの事実は航空輸送への影響力がさほどはっきりしないように思われたかもしれない。たとえば生産設備を世界各国に配置する場合，そのかなりのケースでは本社機能を消費者の近くに置

きたいと考えており，したがってその場合，輸送そのものについての効率は最良でないかもしれないのである。同様に，地理的に隣接する諸国間で結ばれる地域協定は，民間航空が比較的に優位な長距離輸送を犠牲にして短距離および中距離輸送を優遇することになるかもしれない。このような状況の下では最終製品の輸送の必要性は低下するかもしれないが，会社スタッフの配置転換や業務上の調整目的のためにビジネス・トリップは増加せざるをえないであろう。さらにまたたとえいくつかの産業で組立て，企画，マーケティングおよび類似の機能がますます現実の消費者市場の近くに立地するとしても，なおかつコンポーネントや中間商品に関する国際的な貨物の流れが急速に増加しつつあり，この面での輸送問題ははるかに重要な問題となっている。

　経済のグローバル化の過程が民間航空に重大な影響を及ぼすと思われる一つの問題は，グローバル化により発生する国際的な労働力の移動量の増加である。OECD諸国への労働者の流入は増加しており，また1983～94年の間に，西ヨーロッパへの外国人労働者の流入は大幅に増加した。さらに外国人労働者のかなりの割合が暫定的な労働契約に基づく就労者である。この種の労働力の移動はビジネス・トリップの直接的な増加につながるだけでなく，親類や友人を訪問する私的なトリップをも少なからず発生させる。確定的なデータを利用しえないが，イギリス移民局の数字（1979～94年）によれば，イギリスに在住する外国人労働者で商用以外の目的で一時的にイギリスを離れ，再度イギリスに入国する者の数は，当初，年80万人であったが，1994年では年150万人に増えている。

　国際化の過程がきわめて重要な意味を持つ他の一つの問題は，国際的な観光事業の成長である。観光事業は世界的にみて最も成長率の高い産業の一つである。過去20年間についてみれば観光客としての入国者は年5％の割合で増加し，（輸送を除く）観光収入は年15％ずつ増加している（World Tourism Organisation 1994）。もっとも世界のすべての地域が同程度の恩恵を受けているわけではない。国際的な観光収入の市場シェアでみると1960年以降，ヨーロッパとアメリカ大陸は大幅に減少し，逆に東アジア／太平洋地域は主要な受益者であり，

後者の市場シェアは1960年代では2.8％であったが，1990年代に入って以後15％を維持している。

　観光需要を成長させる要因は多数あるが，最も重要なものは所得水準の一般的上昇である。就労日数の減少，休日数の増加，早期退職，フルタイム就労の高年化などにより一人当りの就労時間は，一般的にいって連続して減少している。人口的な変化——とりわけ多くの OECD 諸国における人口の高齢化（OECD 1994d）と同時に第一子を持つ女性の平均年齢の高年化——は今日の活発な観光行動を説明する重要な要因である。より高くなった所得および増加したレジャー時間がレジャー旅行市場においてシナジー効果をもたらし，これが航空輸送の重要性をさらに高めている（World Travel and Tourism Council 1993）。以上の結果として，地理的な差はあるものの，観光産業は着実な成長を示し，そしてこれが航空サービスの需要に重大な結果を与えている。

2．世界の生産と貿易についての見通し

成功の予想と不確実性

　世界的な経済発展に関する中・長期の予想は，世界全体の GDP の年平均成長率としてみれば一般的に，約3.5％という楽観的な数値を示し（e.g. World Bank 1996; DRI/McGraw-Hill 1995），OECD に期待される成長率よりはいささか高い水準を予想する（OECD 1995c）。この中・長期の予想値は，主として多くの OECD 以外の諸国が支配的に（OECD 水準への）「追いかけ」過程（catching-up process）を選択することを前提とする予想値である。たとえば東南アジア諸国の年間成長率は，次の10年間は6～8％を予測している。政策は今後も継続的に修正されるものと仮定して，ラテン・アメリカ諸国および中・東欧の成長率を楽観的に予測すれば，平均して年3～5％の成長率を見込むことができる。

　これらの予測は基本的に国際貿易の発展を仮定している。世界全体として商

品取引は次の10年間に年約6％の割合で成長することを前提とし，東南アジアではいささかこれを上回る成長率を示し，他方，OECDの地域ではいささかこの数値を下回る成長率が予想されている。非OECD諸国による貿易の統合化は今後重要な意味を持つであろうし，この統合化は（1990年代においては）1970年代や1980年代よりもかなり早い速度で進行するであろう。その結果，世界貿易に占める非OECD諸国の割合は，1994年には約25％であったが，2005年までに30％を上回るものと思われる。

今後の世界の貿易を予測する場合に留意すべき一つの重要なことは，ウルグアイ・ラウンドの実施は今後も連続して貿易の自由化を推し進めることになるであろうということ，そして貿易，投資および技術移転の分野で国際的な統合化が速度を増すであろうということを仮定することである。このような条件の下でウルグアイ・ラウンドは世界貿易の成長を年間0.5～1.5％の割合で押し上げ（Francois et al. 1995），そして世界のGDPを約1％追加すると期待されている（OECD 1993a）。

しかしながら生産の成長の大きさや地域的な分布に関して，あるいは世界全体の貿易や投資の大きさあるいはその方向に関して重大な影響力を持つと思われる多くの不確定要因が存在する。長期的な成長をもたらすという意味では世界全体にとり有益なことであるが，貿易の自由化はOECD諸国における構造の調整に向けて一層圧力をかけることになろう。その場合，いくつかの利益グループは保護主義的な対策を求めてこの調整過程をスローダウンさせる恐れがある。新興国（emerging economies）が次第に，工業国の脆弱部門（sensitive）と見なされる部門で競争を仕掛けているだけに，調整過程のスローダウンを求める可能性は一層高くなる。OECD諸国間の貿易関係の対立もまた摩擦の原因となりうることであり，もし国際的な協力体制を通して抑制されるのでなければ，この貿易関係の対立は保護主義の強化を引き起こし，そして多国間の協力体制の弱体化につながる可能性がある。

より一般的にいって地域協定には，第三国から一方的な譲歩を引き出すための交渉力を備えた敵対的経済ブロックに変身するリスクが内在する（Andrieu et al. 1992)。このような力の行使（power play）は多国間体制の機能を根底から崩すことになり，さらには二つの経済ブロック間の差別的な協定の締結に導く可能性がある。このような摩擦が予想される場合には，企業は効率性の基準に基づき行動するよりはむしろ市場へのアクセスを基準にして資本の流れを方向づけることになり，世界的な視点からすればサブ・オプティマルな戦略の選択を誘導することになろう。

　さらに不確定要因として技術的発展の速度と進路があり，これが各国にどのような異なった結果をもたらすかは確定しえない。金融市場の潜在的な不安定性が与える制度そのものへの影響力，開発途上国のみならず先進工業国における経済改革のずれ，高まりゆくグローバルな環境保護の圧力，政治的対立関係，特に旧ソ連邦およびアラブ世界における対立関係（Michalski and Andrieu 1992; Andrieu et al. 1992）なども不確定な要因である。

　主要な変数が変化した場合にそれが経済成長や貿易額にどれほど重要な影響をもたらすかという問題が，オランダ中央計画局（the Netherlands' Central Planning Bureau）の開発した経済モデルにより適切に説明されている。これらのモデルによれば，考えうる恵まれた条件の下では，世界全体の生産高は2015年に至るまで年平均3.6％ずつ増加する。また，さほど恵まれない，しかし等しく起こりうる他の条件の下では，年平均2.2％というはるかに低い成長率で推移する（Central Planning Bureau 1992）。いま経済成長と航空輸送産業の実績の間には密接な関係があると考えれば，上に述べた不確定要因は航空輸送産業の長期的発展を評価する際に重要な意味を持つことになる。

質的傾向と航空輸送の関係

　将来予想される一つの傾向は，特定地域内および地域間の貿易と投資は今後とも増え続けるということである。投資を自由化し（かつリスクから）保護する制度が今後継続して整備されると同時に，貿易の自由化が一層推進されるのであれば，この傾向は保証されることになる（たとえばOECDの投資に関する多国間協定の最近の動きを見よ）。この貿易と投資が今後とも増加するとい

う傾向は，多国籍企業の生産の組織の仕方をみれば一層確かなものとなろう。各地域の市場で強い立場を手に入れようとすれば，地域ゾーンの枠内で生産拠点と流通のネットワークを確立する必要があろう。かくしてコンポーネントや中間財の生産がますますグローバルな組織の下で行われ，他方，コンポーネント，部品（subassemblies）およびキットの最終的な組立てはもっぱらそれぞれの地域内に集中する傾向を示すであろう。その結果，比較的により多くの最終商品が地域ゾーン内で取引されるであろう。さらに，地域的に分散した国々が世界的な貿易システムに統合化されると，地域間の取引の流れがより一層分散化し，商品の平均的な取引距離が増大することになる。このことは，たとえば，東南アジアの新興工業国とOECDのヨーロッパ諸国間の急激な取引の増加により証明されるところである。

　生産が次々とより高い付加価値を持つ商品にシフトし，また新たなより軽い原材料を使用するようになり，そしてコンポーネントがより小型化すると，生産の物的密度の低下が予想される。実際，過去20年間についてみれば，OECD加盟国の物的密度は年平均0.6％の割合で低下している。それゆえ，国際的に取引される商品の総額中に占める輸送コストの割合は低下している。まさしくAnderson (1983) が指摘するように電気・電子機器，精密機器および機械類のような高付加価値産業にとって，輸送コストは製品の総コストの中では全くマイナーな意味しか持たない。その結果，総取引の中で高付加価値商品へのシフトがみられるであろう。実際，過去10年間を通してOECD諸国の総取引の中で，一般に高付加価値商品グループと定義される商品の割合が上昇しているが，これは上記のシフトを裏づけるものである。そして航空輸送がしばしば比較優位性を持つのはこの種の商品である。

　リーン生産方式が採用されるに至り，生産時間と在庫量に関するコストの節約がしばしば直接的なコストの節約よりもより重要なものとなっている。それゆえ，時間の正確さが，国際貿易においてますます重要となろう，とりわけ中間財——この財はジャスト・イン・タイムの生産連鎖方式の一部を構成する——およびスペア部品にとり時間の正確さは重要な問題となるであろう。かく

して航空輸送サービスについて適切なアクセスを有することが，多くの産業にとって適切な生産地点の最終条件を検討する場合の重要な決定要因となる。たとえば電子産業では輸送コストは総じて生産費の3～4％にすぎないが，空港に近く立地することがプラント設置の基本的な要因となる。より一般的には，ハイテク産業に関係する企業は，一つには社員の移動，そして他の一つはコンポーネント輸送における代替交通手段の確保という二つの理由により国際航空への適度のアクセスを求める（Button 1988）。

　分業の深化に伴って発生する一つの重要な問題は生産のサービス内容（services-content）の増加である。知識と技術が急速に重要性を増し，またアウトソーシングによるサービス関連の活動がますます拡大する可能性を秘める状況の下で，生産の非物質化（dematerialisation）がますます進行している。それに加えて，近代的な情報・通信技術の導入がサービスの商品性（tradability）を一層高めている。サービス取引の自由化はごく最近になって取引交渉の対象になった関係で，サービス取引におけるこれまでの急速な成長は，そのほとんどが資本取引の広範囲な自由化，金融手段の近代化および近代的情報・通信技術の利用を通して理解されねばならない。GATSの枠組みとかNAFTAのような地域協定の枠組みの中でサービス取引がより広範囲な自由化対策として効力を持つようになると，現在のサービスの価値化の傾向は一層目立ったものとなろう。会計業務，データ入力，工業的デザインおよびソフトウェア開発のようなサービスの取引については強力な成長の潜在力が存在する。サービス産業はまたトラベル・インテンシブな傾向を持つので，サービスを国際レベルで供給することが増えればそれは航空サービスの需要に多大の影響を及ぼすであろう。

　所得が高くなり，機動性が大きくなりそして情報の流れがより広範囲に及ぶと，消費者の嗜好も一層分化し，同時に国際的なものとなる。その結果，外国の商品，とりわけエキゾチックなあるいは季節的な植物，果実，野菜などの腐敗しやすい商品に対する需要が増す。それゆえ，新たな種類の腐敗しやすい商品がますます国境を越えて取引されることになる。そしてこれらの商品が輸送

される距離が長ければそれだけその輸送手段として民間航空の果たす役割は大きくなるであろう。

　観光産業の継続的なグローバル化の進展も航空輸送に大きな影響を与えてきたといえよう。世界観光機関（World Tourism Organisation）は，いくつかの他の機関の予想に基づいて，1990年から2010年の間に観光客の入国者数はほぼ2倍になるという。これは年平均3.5～4％の成長率を考えている。観光産業が重要な産業である場合——OECD諸国の財・サービスの輸出高の約5％が観光収入である（OECD 1994e）——この観光客の伸びは今後の航空サービスの需要に対し重要な影響を与えるであろう。しかしながら地域により数値は大きく異なるということを考慮しなければならない。実際，ヨーロッパの観光産業の成長は小さいであろうが，東アジアおよび南アジアの成長率は平均的な数値を大きく上回ることが期待される（World Trade Organisation 1994）。

　長距離の観光旅行はとりわけ急速に成長しつつあり，ますます多くの国がこの種の旅行にかかわるようになっている。以前は重要な制限を課されていた国々との人的交流がより自由になり，乗り継ぎのないグローバルな交通システムが開発され，航空運賃は安くなり，人口の構成割合は連続して変化しつつある（たとえば人口の老齢化，高学歴で裕福なそして旅慣れた中年層の増加）。これらの事情はすべてエキゾチックな観光旅行，文化的な観光旅行さらには新たな型の観光旅行（たとえばエコ・ツーリズム）に対する需要を拡大するものと期待される。より一層伝統的な年に1回のバケーションは，平均的な滞在日数の比較的短い旅行の回数を増やすことにより補完されるということも考えられる。今後これらの諸要因が一体となって観光産業の成長を加速し，その際には航空輸送が重要な交通モードとなる。

第2章 国際航空における変化と不確実性

1. 現在の世界の航空輸送市場

　国際航空の輸送構造における将来の発展は，少なからず生産および流通システムのグローバリゼーションの影響を受けるだろう。しかしながら，将来の航空輸送量および航空産業の規模はまた他の社会的，経済的要因の影響も受けるだろう。将来の所得の伸びおよび貿易パターンを予測することはきわめて困難であり，航空輸送市場に影響を及ぼす他の要素の長期的傾向についてと同様に不確実性を伴う。国際航空にかかわるものにとっての重要な課題は，この分野が直面する種々のタイプの現在および将来に発生する不確実性を適切に処理することである。

国際旅客輸送

　民間航空部門の生産は今日世界全体で年2兆3,000億有償旅客キロを超えている。定期サービスは，650の空港にサービスを供給する360の国際航空会社によって行われている。歴史的に，航空輸送産業は特に1960年代および1970年代初期に急速に成長したが——有償旅客キロで年平均14.4%——，その成長は第一次，第二次石油危機で鈍化した。しかし，1980年代には年6〜7%というよりゆっくりとした成長率ではあるが拡大傾向を示した。1980年代後半から1990年代初期の経済不況は再び成長をきわめて鈍化させ，1991年の湾岸戦争の年には，産業の縮小を見ることになった。不況が終わるにつれて，輸送量は再度増

表2-1 世界の航空旅客輸送量（1994）

	国内	国際	総計
定期			
旅客キロ（10億）	953	1,139	2,092
世界に占める割合	41%	49%	90%
年間変化率（1994/1985）	2.3%	7.6%	4.8%
チャーター			
旅客キロ（10億）	25	216	241
世界に占める割合	1%	9%	10%
年間変化率（1994/1985）	16%	1%	2%
全輸送サービス			
旅客キロ（10億）	978	1,355	2,333
世界に占める割合	42%	58%	100%
年間変化率（1994/1985）	2.5%	6.2%	4.5%

出典：ICAO.

大しはじめ，1994年にはその成長率は7％に達した。

旅客部門の全体の展開パターンのなかで，二つの明確な特徴が認められる（表2-1）。第一は世界全体の航空輸送のなかで国内航空輸送のシェアがきわめて低下していることである。1985年にはそのシェアは世界全体の50％を超えるものであったが，1994年には42％に低下した。その原因の一つとして，旧ソビエト連邦諸国の国内輸送量の急激な減少を指摘することができる。旅客輸送に関する第二の特徴は，世界全体のなかでチャーター輸送が占めるシェアが小さいということである。1985～95年までのチャーター輸送の増加率は著しいが，この市場そのものはなお比較的小さな市場であった。

輸送量の大きさには地域間でかなりの差がある。北アメリカ（主にアメリカの国内輸送）は世界の輸送量の34.6％を占める最大の地域である。しかし，これはIATA加盟の航空会社の定期便事業のみを対象にした数字である。欧州の定期サービスは7～8％にすぎないが，欧州の包括旅行チャーター（inclusive tour charter）事業を加えるならば，欧州の総輸送量は2倍以上となる。北大西洋ルートの輸送量を合わせると（世界の定期輸送量の13.9％），欧州／北アメリカ地域の総輸送量は世界の航空輸送量の60％を超える。またアジア／太平洋地域における輸送量は世界全体の航空輸送量の30％を超えることになる。太平洋横断ルートは最も成長率の高い国際市場であるが，欧州～アジア／太平洋ルートでも急速な市場の拡大が見られる（表2-2）。

貨物ならびに郵便輸送

表2-2　各市場部門の国際輸送量

セクター	定期旅客輸送 （1992年）　（千人）	平均年間成長率 （1982～92年）　（％）
大西洋		
北大西洋	35,425	8.0
中部大西洋	2,350	5.0
南大西洋	2,130	7.2
太平洋		
太平洋横断	16,154	8.6
ヨーロッパ		
ヨーロッパ～アジア／太平洋	14,738	11.4
ヨーロッパ～アフリカ	9,399	0.9
ヨーロッパ～中東	6,485	6.9

出典：ICAO.

　航空貨物輸送は新しい生産手法，変化する産業立地パターンおよび異なる生産ミックスのニーズに応えて急速に成長している。航空貨物が比較優位をもつ財の特徴，すなわち，低容量・高付加価値の商品の特徴から航空は当然のことながら，輸送貨物の取引額に占める航空の割合はますます大きくなりつつある。

表2-3　世界の旅客，貨物および郵便輸送

	シェア（1994年）		年間成長率 （1985年／94年）	
	収入 ％	トン・キロ ％	収入 ％	トン・キロ ％
旅客	88	70	8.8	4.9
貨物	11	28	6.4	7.5
郵便	1	2	3.4	2.3
総計	100	100	8.4	5.6

出典：ICAO.

　貨物と郵便は，1993年の収入が合計で200億ドルを超える大きなビジネスであるが，それはなお全体の航空輸送量の比較的小さな部分を占めるにすぎない。容積単位では，貨物は航空輸送全体の25％であるが，その輸送収入はずっと低く，全体の11％にすぎない（表2-3）。貨物輸送はここ10年，旅客輸送よりもやや早い割合で増加しているが――規制がより自由化する傾向があるため――，1992年の総輸送収入に占める貨物輸送収入の割合は1982年よりも若干低くなっている。郵便貨物は全体の航空市場のなかで非常に小さな割合である。さらに，ここ10年の成長率は旅客ならびに貨物輸送よりもはるかに低い。

　過去10年の航空貨物輸送の発展を形成してきた二つの重要な要因は，陸上・

水上輸送が与える短・中距離航空ルートに対する影響力と長距離ルートにおけるワイド・ボディー機の貨物容量の大きな容積であった。欧州の航空貨物は，小包みサービスの例外はあるが，コンテナ化された道路運送ときわめて有効な競争関係にある。そして航空がかつて優位であった水上ルートでも，ロールオン／ロールオフ・サービスの導入が航空の優位を曖昧なものにしている。欧州およびアメリカにおいても航空貨物は1,000km以下の距離のルートにおいて陸上輸送あるいは水上輸送との競争で大きな問題を抱えている。長距離ルートでは，特にワイド・ボディー機であるボーイング747のベリー空間（床下貨物室）が巨大な空間を生み出し，航空会社はそれを限界費用で販売するので，この巨大な空間が貨物輸送の価格設定の際に重要な決定要因となっている。しかしながら，貨物専用の輸送事業は残っており，現在貨物航空機は国際航空貨物の約40％を輸送している。

2．不確実性の本質とレベル

第1章で述べたように，世界は急速に変化しつつあり，そしてトレンドの断絶や，新しいトレンドさらには不連続性の発生等が民間航空の不確実性の将来の特質と不確実性のレベルに影響を及ぼすだろう（Michalski et al. 1993）。生産ラインには新しい製品が並び，そして生産方式が変化している。さらに，アジアでは，新しい市場が出現し，中・東欧のようなより旧来の市場の役割が変化している。旅客および貨物の輸送業者として，航空輸送の役割を予測することは特に困難になっている。

国際航空の発展を促進する関係は複雑であり，急速に変化している。飽和水準に近づくにつれてある国内市場（たとえば，アメリカ）において，航空と重要な変数との既存の関係が崩壊しつつあるような徴候が見られる。同様に，重要なことだが，産業の発展過程にはますます多くの屈曲が見られるようになっている。たとえば，湾岸戦争はテレビ会議への転換を促し，紛争の解決によってその流れが逆戻りすることはなかった。新しい輸送手段はまた航空分野に新

たな推進力を与えることにより問題を複雑にしている。これらの結果はすべて航空輸送の価格および航空輸送の需要に影響を及ぼすだろう。

　市場における，潜在的に重要なさまざまな構造的展開は，また国際航空の発展の仕方に変化をもたらすだろう。ある分野では，いくつかの要素の重要性について確立された知識がある。たとえば，多くの予測のフレームワークは分析の基本的な要因として伝統的に所得の変化に大きく依存してきた（たとえば，Boeing 1996; International Civil Aviation Organisation 1994a）。第1章で見られるように，明らかな問題として，GDPの将来のレベルを予測することはそれ自体きわめて困難である——GDPは短期のショックに影響を受けやすく，長期の成長の決定要素はなおほとんどわかっていない。特定の小規模な市場に関して予測を行うことはなおさら当てにならない。

　さらに，航空輸送に影響を及ぼす要素の将来の傾向を評価する際，それらの要素そのものがしばしば市場によってその重要性が異なるということが問題となる。たとえば，ある地域では航空が独占的にサービスを供給し，他の輸送手段との潜在的な将来の競争が問題にならない。またある場合には，航空市場が本質的に，航空輸送に影響を及ぼすいくつかの要素は相互に関連し，シナジー効果を生み出すかもしれない。たとえば，増大する旅客需要は貨物のベリー空間を生み出すかもしれない。結果として，市場が異なれば将来の不確実性の大きさもまた異なる傾向がある。

ビジネス市場の発展

　過去20年についてみると，アジア・太平洋航空市場では，主に商用旅行の増加により，予測をはるかに超えた成長があった。今日また，中・東欧諸国で航空輸送市場が発展するように思える。これらの新しい市場において航空会社が密度・範囲の経済をより完全に利用し，純粋にグローバルな航空会社が出現することが予測される。もっともこれらの国々において生じている主な経済構造の変化および残存する政治的不確実性のゆえに，これらの航空輸送市場の発展する速度を予測することは困難である。

商用旅行の長期的成長に影響を及ぼす一つの要素はビジネスとしてのサービス活動の展開であろう。しかしながら，それらの産業は比較的身軽であり，その全体的な成長は景気変動の影響を受けやすい。もう一つ別の要素は，製造およびサービス活動が地理的に拡大し，それに伴い経営者との連絡あるいは技術的な連携のゆえに発生するより頻繁かつより長距離のトリップである。しかしながら，トラベル・インテンシブな中間管理職の役割についての長期的な不確実性をもたらした経営哲学に新しい変化がみられる。

観光およびレジャー旅行の発展

航空輸送の利用可能性は明らかにレジャー旅行および観光旅行の急増をもたらしている。多くの市場では，航空会社，ホテル，自動車レンタルなどを含む垂直統合がある。定期便市場でさえ，航空による移動の約55％はレジャー目的のものであると推定され，そのような移動の75％はOECD諸国間のものである。長期的には，所得が上昇するにつれて，そのような旅行に対する全体的な需要の増加が予測されるに違いないが，同様に，観光客が新しい観光地および経験を求めるとき，市場に地理的シフトが生じるだろう（OECD 1994e）。

第1章で議論したように，増大するレジャー時間とともに人口および社会的傾向は観光およびレジャー旅行の長期的パターンに影響を及ぼすだろう。しかしながら，その関係は単純ではない。たとえば，欧州では個人が親族の近くに居住する傾向がある。その状況は北アメリカのより飽和化した航空市場と異なる。それゆえ，より成熟した航空市場の親族訪問に関するデータから単純に推定して，欧州における同様の旅行について予測することはできそうもない。

これらの地理的，社会的傾向にかかわる不確実性は将来より高い可処分所得の影響を受け，より一層不確実なものとなりうる。所得が高くなればそれだけ，レジャー関連の旅行に資金が回り，一般にレジャーの目的地の選択，友人および親族を訪問する機会がより多くなり，観光旅行の時期をより一層選択しやすいものにする。このことはさらに航空会社がそれらの新しい需要パターンにサービスの供給を合わせる課題を与えることになる。

貨物市場の発展

航空貨物はそれ自身ますます重要性を増す産業である。貨物がベリー空間あるいは貨客混載機（combi aircraft）で輸送されるとき，それは旅客輸送と組み合わされる。それはまた国際輸送が支配する分野である。たとえば，ボーイング社（1995b）の予測によれば，2014年までに有償トンキロ（RTK）による航空貨物の80％は国際輸送である。多くの長距離ルートにおいて，KLM，NorthwestそしてLufthansaのような航空会社は運賃収入のかなりの部分を貨物輸送から得ている。貨物空間の需要は取引される貨物の内容，航空貨物サービスが提示しうる（速度のような）属性の重要性，生産および消費の地理的分布によって決定される。

航空貨物はまた花卉，果物，野菜のような腐敗しやすい商品に関して重要なサービスを供給する。それらは消費者の嗜好の変化および生産技術の変化の影響を受けやすい市場である。たとえば，新しい栽培手法の導入は近年ある種の熱帯産の果物や温暖な気候のなかで成長する他の植物の生育を可能にし，航空輸送の需要を減少させている。しかしながら，市場が拡大して，異なった地域からの新しい貨物がまた出現している。

過去10～15年についてみると貨物輸送市場の顕著な発展によって国内の小包サービス事業者はグローバル化した専門の貨物急配サービス事業者／インテグレーターに転換している。アメリカ市場での目覚ましい成長ののち，急配事業者は国際航空貨物市場で急速に事業展開している。第1章で明らかにされた傾向につづいて，たとえば，迅速かつ信頼できる配送が求められる予備品および取替え部品の輸送では目を見張る継続的な成長が見られる。これは文書に取って代わる情報技術がますます受け入れられるようになって文書輸送（たとえば，クーリエ需要）の削減が可能になっていることと対照的である。しかしながら，ファックス機のような新しい通信技術が導入されたが，文書輸送が予想されたほど減少しなかったという過去の経験が示すように，情報技術の発展がもたらす全体的な影響は予測することが難しい。

代替的な輸送手段

いくつかの短距離航空市場はますますインフラストラクチャーの混雑の影響を受けている。容量が拡張され、既存の容量について改善された管理が行われている。これが混雑問題を最適化するかどうかは一つの問題であるが、同様に、航空輸送に取って代わる輸送手段が比較優位性をもつ場合には、代替輸送手段へのシフトを促すことによって全体の輸送システムの効率性がより適切に処理される可能性がある。しかしながら、どのようなケースにおいて代替輸送手段がそのような優位性をもつのかを規定することは、純粋な市場がない場合には難しい。

たとえば、欧州では、高速鉄道はある国内ルート（たとえば、パリ～リヨン）において航空から需要を奪っている。しかしながら、高速鉄道に注入されている資本補助および国内航空が通常運航している規制環境を前提にして考えるならば、これが純粋な優位性を反映するものであるのかどうかは評価するのは難しい。さらに、そのようなサービスが単に将来のニッチ市場の需要を満たすにすぎないのか、あるいは航空の重要な競争輸送手段になるのか予測するのは難しい。英仏海峡の横断サービスに関して1995年7月までの初期の調査資料が示すところによれば、海峡トンネルの開通以来、ブリュッセルからロンドンの Heathrow 空港および Gatwick 空港へ行く航空旅客数はそれぞれ6％および22％ずつ減少している。他方、ロンドン～パリ・ルートの航空旅客数は35％減少している。この事実は問題のルートにおける鉄道・航空の座席を合わせて全体的な輸送容量が88％も増加している状況の中で考えられるべきである。

輸送に代替するもの

商用旅行の運賃は実質的には低下しているが、ビジネス会議に参加する全体的な機会費用（たとえば、旅行の時間コストを含む）は上昇する傾向にある。この機会費用の上昇に直接対応するものとして今日代替的なコミュニケーション手段が出現している。すなわち、ビデオ会議、テレ・ワーキングなどである。

航空輸送にはある種のマイナスの影響が見られるが，今日までこれらの代替手段の影響は比較的小さなものである。しかし，情報通信を利用する費用は低下し，技術はますます利用勝手のよいものになっている。たとえば，ビデオ会議はもはや特殊なスタジオや器材を必要としない。回線費用は低下し，そして技術の信頼性は改善している。湾岸戦争後の航空危機以後，利用回数が増加している。

国際航空に与える長期的な影響はその程度および方向に関して明確ではない (Cook and Haver 1994; Button and Maggi 1995)。潜在的な影響の大きさの程度に関して，一連の研究が示すところによれば，情報通信は技術的に商用旅行の25％まで取って代ることができる。たとえば，テレ・コミューティングは従来，直接の人的接触を保つ人たちにより定期的に開催されてきた会議に取って代わる。しかしながら，同様に，ビジネス・ネットワークを発展させ，そしてそれ自体ある個人的効用を与えうる現実のビジネス・トリップを放棄することに抵抗する者もいる。エレクトロニクスと対人コミュニケーションを組み合わせることによって個人はより大きな接触のネットワークを維持し，既存のネットワークとの関係を一層強化することができる。換言すれば，その潜在的な効果は現実の効果と同じではなく，補完的な効果が代替効果をしのぐ場合もある。ネットワークを拡大することによって，情報通信の発展が航空機による人的移動を促進することもありうる (Mokhtarian 1990)。

制度的変化

二国間協定がより自由になり，地域協定があらわれるにつれて，国際航空の規制構造はますます制約的でなくなっている (Gunther 1995)。今日みられる制度上の変化は問題となるルートの輸送量の水準に影響を及ぼしている。また別の例では，それらの変化は各種の航空会社の相対的なパフォーマンスに影響を及ぼしている。インフラストラクチャーの供給や運営（空港および航空管制）に関しても制度上の変化がみられうる。増大する航空輸送量を処理する既存のインフラストラクチャーの能力はますます逼迫している。この逼迫した状

況に対する制度的な対応は国際航空の将来の発展の規模およびサービスの供給が認可される事業者の双方に影響するだろう。かつて国内政府にあった権限が——たとえば，航空管制のような事柄に関して——超国家的な組織に移されるならば，状況はさらに複雑になる。

制度的変化の期間，方向そして程度を予測することは困難である。たとえば，サービス取引に関する一般協定（The General Agreement on Trade in Service: GATS）は国際航空輸送の三つの領域，すなわち航空機の修理および維持管理，販売とマーケティングそしてコンピューター予約システムにしか適用されない。しかしながら，GATSはさらに交渉を進める可能性を有するフレームワークの協定であり，航空輸送にかかわる部分は今後5年以内に見直されるだろう。しかし，自由化のニーズおよび制度上の変化を具体化する方式についてはかなり見解に差があることは明らかである。たとえば，アメリカは多国間協定を含むオープンスカイ政策を支持している（United States Department of Transportation 1995）。他方，多くのアジア諸国はより規制された環境を好む（Stirland 1995）。ごく最近変化がみられたところではたとえば，EU内。この種の制度上の変化を予測することはしばしば困難であった。多様な力が作用していることを前提にして考えるならば，短・中期においてさえどのような制度的変化が生じるかはおよそ確かなことではない。このことは市場力およびインフラ制約の課題に対応するために構造改革を行おうとしている産業にとって特別に深刻な問題を与えることになろう。

航空サービスの価格

他の諸条件を一定とするならば，伝統的な経済の議論によれば，需要される航空サービスの数量は旅客運賃および貨物運賃が低下するにつれて増加するだろう。一般的にみて，このことは妥当であり，これまでの運賃水準の歴史的な低下はより多くの輸送量を実現している。中・長期の運賃の変化を支配する多くの要因を予測することはこれまで比較的に容易である。しかし，将来の変化の厳密な大きさおよびその短期的な結果を予測することはさほど容易ではない。

旅客運賃および貨物運賃に関して需要の弾力性を確定するについては常に問題があるが，これまでいくつかの推定が行われてきた。旅客輸送についてそれらは-0.4から-4.51というところである（Oum et al. 1992）。このように幅があるのは，弾力性は運賃等級（ファーストクラス，スタンダード・エコノミーそして割引運賃）および距離（長距離対短距離）によって異なるからである。さらに，この差異はトリップ目的に密接に関係している。たとえば，レジャー旅行についての需要の価格弾力性は商用旅行のものよりもずっと高い。多くの航空会社がイールド・マネジメントを広く採用しており，多くの運賃等級のなかに多くの割引オプションがある。運賃効果と他のサービスの質が需要に及ぼす影響を区別することはしばしば困難である。たとえば，アメリカの国内市場において，サービス頻度の弾力性を抽出しようとする努力がなされたが（Morrison and Winston 1986），それらはビジネス・トラベラーについては約0.21，他方，レジャー輸送については約0.05の数値が示された。

　これらの困難さは周知の問題であり，不確実性の水準はよく知られている。しかしながら，状況は変わりつつある。すなわち，運賃構造の内容は変化し，旅行者はより良い情報を入手し（たとえば，旅行代理店あるいはコンピューター情報のより効果的な利用），あるいは彼らはよく旅行する関係で情報システムをより良く理解している。その結果，等級別運賃に代わって連続的な運賃が支配し，そして旅行者は彼らが望む運賃・サービス特性を持つパッケージを求めるようになっている。以上のように，航空旅行の価格の概念は曖昧になっている。

　将来の価格の予測は，他の要因が絡み合うことにより一層難しくなっている。これまで，航空機の設計および航空機の運航における絶え間ない技術進歩（たとえば，より効率的なエンジンおよび軽量の合成資材の利用）によって航空旅行の実質費用は低下した。実際，アメリカ経済の弱体化により需要が低下したとき，北大西洋で双発エンジンが導入されたことから航空機の運行が増加した。航空機の技術は改善しつづけるが，航空機技術の改善形態を予測することは容易ではない。将来の技術変化はまた質的に異なる傾向がある。特に，より高度

な航空管制システムが利用できるようになると，技術の変化は飛行よりもむしろ航空インフラに関連する。このことの含意および影響の時期は確かではない。

ある市場において将来の航空輸送需要の価格弾力性に影響を及ぼすと思われる一つの要素は相対的な市場の飽和度である。一人当りの有償旅客マイル（RPM）を比較するならば，1990年代の初期，欧州の500，アジア／太平洋地域の約100に対して，北アメリカは約1,800RPMであり，最も成熟した市場であるように思える。しかしながら，現実に市場の飽和状態を構成する要因は経済，社会および人口の変化に対応して時間の経過とともに変化し，その結果，最も進んだ工業国でさえ，特定の市場の吸収力（absorptive capacity）を高め，飽和の進行を遅らせている。たとえば，先進工業国でますます増加する比較的裕福で，健康に恵まれた現役を退いた人たちはレジャー関連の航空旅行の需要を増大させると考えられる。さらに，特に欧州以外の地域では，平均的な家族規模が小さくなったことで，航空旅行の需要を押し上げることになろう，というのもより小単位の旅行グループによる都市間トリップは代替的な輸送手段のなかでもとりわけ航空によって行われる傾向が強いと思われるからである。

環境と財政政策

今日，自然環境はますます政策の関心事となっている。市場の不完全さと交通分野における従来の公的な政策が合わさって過度の環境の劣化を引き起こしていることは明らかである（OECD 1992b）。その結果，ローカルおよびグローバルの両レベルでこの環境の劣化をもたらし，すべての輸送形態の環境汚染に対し，（たとえば，規制と経済的手段の利用によって）規制をますます厳しくする傾向にある。当然，このことは航空運賃に影響を及ぼすだろう。航空機の運航や航空機の設計に厳しい規制が課せられるので，この規制は航空運賃に直接影響を及ぼすだろう。しかし，それはまた競争的および補完的な輸送手段への影響を介して，間接的にも航空運賃に影響を及ぼすだろう。再び，より長期の視点に立てば，環境政策がどのようにして実施されるかということが明確に示されなければ，それらの影響の正確な内容を把握することは難しい。

財政的環境も変化する。より厳しい緊縮経済の下では，利用者は自らが利用するインフラストラクチャーに対して直接対価を支払うよう求められる。たとえば，新しい空港容量の建設費は今日しばしば空港利用を明示した利用者料金により直接まかなわれている（バンクーバーの空港拡張のケース）。航空旅行は一つには徴収方法および収入源の確認が容易なため，また納税者の多くはこの種の利用料金を課する地域に投票しない（選挙における反発を考慮しなくて良い）という理由により，贅沢品として課税する国もある。このような行為がいかに展開するか，そしてそれがいかに運賃水準に影響を及ぼすかを予測することは難しい。

以上のような複雑なタイプの影響と価格に及ぼす影響要因を区別することが重要である。すなわち，第一に，上述の影響は新たなタイプの形であり，それゆえ市場の反応を従来の経験から推定することはできない。第二に，上述したタイプの影響はしばしば技術的な変化に由来するよりも政策の選択に起因するものであり，したがって，変化の過程を予測することは一層難しい。それらを国際航空の需要予測で用いられている慣習的なフレームワークのなかに組み入れることは本質的に容易ではない。

3．不確実性と予測

情報は重要な商品（commodity）である。よい情報が利用できることによって，産業の効率性の改善をはかることができる。特に，将来の傾向や発展についての情報は運航計画ならびに政策立案にとって重要である。このような状況において，情報の一つの要素は既存の市場がいかに機能しているかということを明確に示すことである。──実際，満足なロード・ファクターを実現するためには，情報は航空会社にとって不可欠であり，このことがコンピューター予約やデータ交換システムが発展した理由の一つである。さらに，ここでの課題は将来発生しうる傾向を洞察するシステムを展開することの重要性についてである。ある段階においては，これはIATAの年2回のスケジュール会議で行わ

れる交渉のための比較的短期の需要予測に関連する問題であろう。しかし他の段階では，戦略的な計画の要請を満たすために長期の需要分析が必要となる。

予測アプローチ

一般に，予測を利用する五つの主なグループがある（European Civil Aviation Conference 1994）。

——ミクロレベルで短・中期予測を求める航空事業者。それらの予測を速やかに入手できることに対する営業上の要求とそれに必要な集計のレベルはさほど高度な技術的処理を必要としない。大規模なネットワークにおいて不確実性の負担を分散することができる航空会社は，組織内部において不正確な予測を補正することができる。それゆえ，今日，比較的安価なコストで予測が可能であるにもかかわらず，（大規模なネットワークを持たない）小規模な航空会社は重大な判断を誤るとずっと大きな影響を受ける。市場の参入・撤退に関する規制があるとき，特にそうである。

——航空機メーカー。航空機の生産を計画し，その計画を実施するために，航空機メーカーは一層精緻な中・長期予測に依存する。これらの航空機メーカーは個々のルートの需要予測よりもむしろ市場のタイプに関心があるので，彼らの見通しはまたより幅の広いものである（たとえば，Airbus Industry 1993; Daimler-Benz Aerospace 1995）。

——インフラ供給者（たとえば，空港）。これらの関係者は非常に長期の見通しをたてる。投資の長期性，インフラストラクチャーの不可分性，特殊性そして高コスト性から長期的見通しは不可欠である。多くの航空インフラのネットワーク性（たとえば，航空管制システム）を前提とすれば，ネットワークにまたがる情報と予測を共有するインセンティブがはたらく。

——国際航空輸送の利用者。航空輸送の多くの利用者は航空輸送産業におけ

る将来の需要についての情報を必要とする。このことは特に短・中期予測が計画と投資を容易にする観光とレジャー旅行において当てはまる事柄である。ここでは，輸送力の予測と航空サービスのコストが重要である (World Travel and Tourism Council 1993)。

——政策決定者。市場における効率性は必ずしも実現されるものではなく，多様な市場の不完全性と制度的特徴によって制約を受ける。政策の決定は，これらの市場の効率性の実現の失敗がもたらす影響を小さくすることにある。ダイナミックな変化が生じているなかで市場の効率性の失敗を小さくするには，市場のこれらの失敗の本質と意味について事前の情報をもつことが重要である。かくして，予測の要件はしばしば量的なものを指向するよりはむしろより一層質的な市場の変化と政策の選択を探ることに関係する。

これらの異なった要件を満たすために，国際航空の多様な曲面について多くの定期的な予測が行われる。それらの予測は (ICAO, IATA のような) 国際機関，(Transport Canada のような) 一国の政府，(World Travel and Tourism Council のような) 非政府機関，(Airbus Industry, Boeing, McDonnell Douglas のような) 航空機メーカーなどによるものである。それらの予測のうちあるものは比較的短期 (たとえば，IATA の4年予測，1993a) であるが，他方，ある予測は次の世紀にまたがっている (たとえば，Boeing 1996)。また，ある予測は各部門に固有のものである (たとえば，観光業に関する World Travel and Tourism Council 1993，そして貨物に関するものとしては Boeing 1995b)。また，ある予測は将来必要となる設備のニーズを示すように意図されている (たとえば，航空機メーカーが提供する予測)。またしばしばある予測は主要市場地域に関して行われる場合もある。たとえば，ICAO (1994b; 1994c) は大西洋およびアジア／太平洋地域に関して予測を行い，IATA (1993b) はアジア／太平洋市場に関して予測を行っている。また空港が定期的にローカルな予測を行い，既存の計画および他の法的要件と一致するよう配慮する場合もある。

表 2 - 4　北大西洋便の

基準年予測	1984	1985	1986	1987	1988	1989	1990
1980	127.6	130.2	132.7				
1981	125.7	128.0	130.4	133.0			
1982	125.8	128.1	131.4	131.6	132.0		
1983	127.8	129.1	131.7	131.7	133.6	135.3	
1984	132.7*	138.3	139.8	142.8	147.9	152.0	153.6
1985		140.8*	143.5	144.2	148.5	151.5	156.0
1986			141.4*	149.8	151.9	154.8	159.0
1987				158.5*	177.2	187.3	195.3
1988					175.7*	187.6	197.3
1989						192.0*	205.4
1990							206.1*
1991							
1992							
1993							

注：*印は現実値。
出典：ICAO.

予測に対する基本的なアプローチはしばしば異なる。部分的には，それは需要が異なるためにアプローチも異なる場合もあるが，それはまた重要な基本的な関係（たとえば，弾力性）の本質に関して見方が異なる場合および重要な決定変数についての将来のトレンドに関して考え方が異なる場合もある。しかしながら，大多数のモデルは主として国内総生産，石油価格，航空運賃に関する標準的な指標から導かれる伝統的な経済的インプットに基づいている（たとえば，ICAO 1991）。

予測の精度

過去において，航空市場の動向についての予測は比較的安定した関係を前提にして行われた。たとえば，競争的輸送モードおよび個人トリップの代替輸送モードは限定されていた。また市場は飽和状態に近づいておらず，そして航空輸送産業内の技術的変化は比較的容易に予測しうる状況にあった。さらに，制度的な背景はかなり安定していた。経済的にみれば，ジェット時代において大きな不況は2回しかなかった。予測者の間には旅客需要に影響を及ぼす最も重

予測比較

(単位：千便)

1991	1992	1993	1994	1995	1996	1997	1998	1999
159.5								
164.0	168.9							
203.4	209.8	215.4						
204.5	212.9	221.6	229.1					
216.4	225.6	235.6	244.4	253.6				
205.0	213.9	224.4	236.7	249.3	263.1			
213.0*	220.3	233.5	247.0	258.1	268.1	277.6		
	228.2*	238.0	252.2	263.3	278.9	294.3	312.5	
		242.8*	252.8	264.5	277.2	291.2	305.2	320.1

要な，単一の長期的要素は経済成長であるという意見の一致があった。

にもかかわらず，ほとんどの経済予測のように，提示された予測は一般的にみて信頼性はさまざまであった。(Transport Canada 1993)。たとえば，経済拡張期（1980年代後半）に行われた予測は過度に楽観的であり，不況期（1980年代初期）に行われた予測はあまりにも悲観的すぎる傾向を示し，景気循環の大きな変化にうまく対処できなかった。たとえば，ボーイング社（1993）は自社が行った予測についての詳細な評価を提示している。もし予測が投資決定の基準として広く利用されるならば，このタイプの誤差は経済の拡張期に過剰投資を引き起こし，これがつぎの景気後退期に過剰容量をもたらすことになろう。景気回復期の容量不足は景気後退期に行われた予測を容認することにより生ずるだろう。いまここで言えることは，過去のデータに基づく多少とも複雑な推定モデルは過度期の予測に適さないということである。

さほど集計的でない地理的な予測は一層大きな問題を提示する傾向にある。表2-4は北大西洋回廊の総便数を，ICAO（1994b）が提示した過去10年の予測と比較したものである。この一連の予測は「高い数値」と「低い数値」を与

えることによって不確実性に対し限定的な幅を設けているが,一般的な予測の精度はまちまちである。1980年代半ばには,過小予測を行う顕著な傾向があり,6年予測では現実の数値の35％であった。なお1980年代中期の循環的な経済発展にもかかわらず,1986年と1988年の2年については現実の需要が1年予測の数値を下回ったことは興味深い。

個々の航空会社についてみると,1990年代の初期に多くの航空会社が低い利益ないし損失を経験したが,これはまたミクロレベルの予測の難しさを明確に示すものである。アメリカの国内市場についての最近の分析（Morrison and Winston 1995）によれば規制制度の変化はこの状況にさほど影響を及ぼしていないが,アメリカの航空会社は所得のような重要な経済変数の将来のレベルを正確に予測することが難しいことを認識した。これらの予測の誤まりが1990～93年に問題の市場で生じた過剰容量の原因となっている。

多くの経済予測と同様に,航空における予測精度はそれほど優れてはいないが,これは部分的には,現在の経済予測の技術水準を反映するものである。一つの問題は,計量経済学のフレームワークに置き換えることが求められる産業については,いずれのケースにせよ適切な経済モデルを展開しようとする際に直面する固有の難しさである。理想的には,たとえば,航空サービスに対する需要モデルとサービスの供給に対するモデルを別個に求め,それらを同時に調整する方法が考えられるであろう。しかし現実には,しばしば実際の便宜上の結果ではあるが,これらの重要な区別を曖昧にする避けがたい傾向がある。また,計量経済モデルのなかにすべての決定変数を含めることは難しい。なぜならば,データはしばしば不完全であり,またその多くは計量化に適さないからである。これらの問題のうちあるものは近代的な計量経済学のソフトウェアを利用して処理しうるが,なお他のものは重大な問題として残る。それらは将来においてもなお解決されそうもない技術的な問題である。

現在の予測

航空旅客輸送の長期予測は,特にICAO（1993）,ボーイング社（1996）,ダ

表2-5 世界の旅客輸送の予測比較

	1990年		2000年		2010年
ICAO					
成長指標	100		163		
年間成長率		←5.0%→			
ボーイング社					
成長指標	100		153		252
年間成長率		←4.3%→		←5.1%→	
ダグラス社					
成長指標	100		163		294
年間成長率		←5.0%→		←5.7%→	
エアバス社					
成長指標	100		165		271
年間成長率		←5.2%→		←5.1%→	
IATA					
成長指標	100		166		252
年間成長率		←5.2%→		←4.3%→	

注：1．ICAOは2003年までしか予測していない。
　　2．すべての予測は旅客キロである。ただし、IATAの予測は旅客数である。

グラス航空機株式会社（1992），エアバス・インダストリー社（1993），ダイムラーベンツ・アエロスペース社（1995）そしてIATA（1993a）によって行われている。その予測結果は表2-5にまとめられている。それは1990年の指標を100として2000年および2010年に関しての輸送量を推定しているものである。推定値にはきわめて類似性があり，輸送量は2000年までは年間5％で増加し，2000～10年までは年4.3％～5.7％の幅で増加するという全体的な一致を示している。

　グローバルな発展は概して経済成長，運賃変化，事業の発展という全体的な指標に基づいている。もちろん，世界の各地域ではこれらのパラメーターに大きな差があり，それにより等しく国際航空旅行の成長にも大きな差が生じている。

　ICAOは重要な国際輸送フローの予測を行い，表2-6はいくつかの最近の推定値を示している。予測は各ルートで輸送される旅客数に関するものであり，旅客キロではない。それゆえ，正確に各ルートの異なる輸送量を測定しているわけではない。しかしながら，このことは各ルートについて予測される成長率

表2-6　主な輸送フローについてのICAOの予測

	輸送旅客数（千人）				平均年間成長率（％）	
	1982年	1992年	1993年推定	2003年予測	1982～92年	1992～2003年
北大西洋	16,345	35,425	34,260	60,589	8.0	5.0
中部大西洋	1,444	2,350	2,364	4,019	5.0	5.0
南大西洋	1,065	2,130	2,674	3,643	7.2	5.0
太平洋横断	7,083	16,154	16,978	37,665	8.6	8.0
ヨーロッパ～アジア／太平洋間	5,018	14,738	16,290	32,654	11.4	7.5
ヨーロッパ～アフリカ間	8,568	9,399	10,289	13,010	0.9	3.0
ヨーロッパ～中東間	3,336	6,485	5,080	9,467	6.9	3.5
北アメリカ～南アメリカ間	2,420	5,249	5,301	8,978	8.1	5.0
北アメリカ～中部アメリカ／カリブ間	9,970	15,219	15,436	24,698	4.3	4.5

出典：ICAO．

の比較に影響を及ぼすものではない。最も重要な特徴は平均値をはるかに上回る太平洋横断地域に関して推定された成長率である。ボーイング社（1994）は若干異なった方式で輸送フローの予測を行い，地域内の成長に関しても予測を行っている。推定のなかで特徴的なものといえば，それはアジア域内，欧州－アジアそして太平洋横断の輸送フローである。欧州域内およびアメリカ国内の輸送については対照的に，きわめて低い成長率が予測されている。

しかしながら，輸送フローの予測値は旅行の発展を説明するのには，不完全である。なぜならば，輸送フローの予測値は輸送の目的地について何も触れていないからである。この点で，世界観光機関（World Tourism Organisation 1994）が国際旅行客の到着数について公表した予測値は輸送フローの予測を補完するものとして役立つ。表2-7は1990年，2000年および2010年における，世界の六つの異なる地域に到着する旅客の分布についての予測である。世界の観光客の到着地のなかでアジア／太平洋のシェアは1990年の11.5％から2010年には20.3％まで増大すると推定され，この点がこの予測の重要な特徴となっている。輸送の起点から見て，アジア／太平洋地域における地域間輸送はすでに世界の総発生量の73％を占めており，世界観光機関は2010年までに80％まで増加すると推定している。

ICAO（1993）は航空貨物輸送に関して簡単なモデルを開発した。このモデ

ルでは，GDP に代えて世界貿易と貨物運賃の水準が二つの主要なパラメーターである。ICAO の分析から導かれる結論によれば，国際航空貨物は1992～2003年までに年7％増

表2-7　旅行客（到着の地域分布）

(単位：％)

	1990年	2000年	2010年
ヨーロッパ	62.6	56.3	50.8
中東	1.5	1.7	1.9
アメリカ	20.4	22.2	22.1
アフリカ	3.3	3.6	3.8
南アジア	0.7	0.9	1.1
アジア／太平洋	11.5	15.3	20.3

出典：世界観光機関。

加し，国内航空貨物は同じ期間に年3.5％増加することになる。市場全体の成長は年6.5％であると予測され，これは1982～92年に実現した成長率よりも若干低いものである。

　これらの予測はすべてしばしば長期の成長曲線が組み込まれてはいるが，概して伝統的な推定法に依拠するものである。また同類の予測者仲間の結論が当面の予測者に不当に影響を及ぼすという「群居症候群」(gregariousness syndrome) の問題もある。さらに，特に現行の景気の山と谷という流れが将来の展望に不当な影響を与える危険性がある。以上のように，これまで予測を行うのに計量経済学的分析が適用されてきたが，その場合でさえ，上記の落とし穴が残されているのである。変化するグローバル経済の本質を前提にして考えるならば，これらは重大な限界である。

4．不確実性の対処

　既存の傾向が進化し，新しい傾向が展開し，そして断絶が生じる場合には，国際航空部門に影響を及ぼす要素は変化しつつある。それゆえ，きわめて短期的な予測を別にすれば，将来をどう予測するかは航空部門に重要な問題を与えることになる。伝統的な予測法はしばしばあまり信頼性がないことがわかった。現状では，将来を予測する伝統的な方法は不適切であり，将来の不確実性を取り込んでいない。

新たな状況に対応するには三つの幅広い立場に基づく行動が求められる。

予測に対する新しいアプローチ

国際航空産業および政策決定者はすでに彼らが直面する不確実性の，変化しつつある本質に対応しようとしている。一例をあげれば，伝統的な予測機関は新しい傾向を反映し，現在の傾向にかかわる不確実性の意味を一層うまく処理しようとして自らのアプローチを調整している。たとえば，ある種の予測フレームワークのなかには追加的な変数が含まれようとしている。おそらく一層重要なことであるが，異なる将来の潜在的な含意を検討するためにシナリオ分析がより多く利用されるようになっている。

現在検討されているほとんどのシナリオは経済変数および技術変数における傾向に関連し（たとえば，Transport Canada 1994），より伝統的な感度分析を多く反映するものである。しかし，ますます，政策のシフトも考慮されている。たとえば，ボーイング社（1994）は長期の見通しとその際実現するグローバル・ネットワークの意味についてのシナリオを展開し，British Airways（1995）は長期計画に役立つ二つのシナリオを展開し，またエアバス・インダストリー社（1993）は高速鉄道ネットワークの展開が航空産業に与える意味を検討している。

しかしながら，伝統的な予測の精緻化は不確実性を処理するに足る信頼すべき基礎を提供していない。それらはなお航空部門の範囲をはるかに超える経済予測に関連する固有の問題を抱えている（OECD 1993b）。

実際，航空輸送産業のある種の要素に関して伝統的な予測を行うには限界があり，すでに代替的な予測方法が検討されている。たとえば，IATA が52の主な世界の航空会社を対象に行った最近の研究から，最大手の企業グループは予測データを提供するのにモデルを全く利用していないことがわかった（表2－8）。少なくとも部分的には，彼らは自己の意思決定における判断に依存している。計量モデルが利用される場合でも，それはしばしばより主観的な手続きとの連携で利用する。調査結果によれば，問題の市場の規模と相関関係を持た

ない地理的な地域の相違点が指摘される。アメリカとアフリカでは，第一義的なアプローチは会社の判断だけに基づくものであった。欧州の航空会社は市場管理者と計量モデルによる調査を組み合わせた集計的なアプローチに一層依存している。最後に，アジアの航空会社は，単に過去の傾向を推定するアプローチを用いるもの

表2-8 52の航空会社が用いた予測手法

純粋な判断	31%
計量モデル＋判断	22%
現地管理者の調査	22%
外部データ	19%
計量モデルのみ	5%
過去の傾向より推定	1%

出典：IATA.

と，より複雑な計量モデルを使うアプローチを用いる航空会社に分れた。以上より，より直観的なアプローチを示すケースが多く見られる。

航空会社が利用する予測方法が多様であるということは部分的には自然な反応であり，経済的には不確実性に対する効率的な反応である。航空会社は将来の傾向について最良の判断を与えてくれるものを手に入れようとするが，それがどのように最良な形で実現するかについては見方が異なる。また，予測方法の多様性は経済的に効率的である。なぜなら，最良の予測を行い，そしてそれを手にした者だけが自己の地位を引き上げることができるからである。それゆえ，分権的な対応により（on a devolved basis），不確実性が最も効果的に処理されることを容認すべき充分な理由がある。それはまた不確実性が分散しており，そしてより広範な経済的視点からすれば，航空部門全体の重大な資源の誤った配分の可能性を小さくするということを意味する。

産業の柔軟性

しかしながら，究極的には，不確実性を処理する鍵は航空産業の事業様式における一層の柔軟性にある。柔軟であれば，条件の変化にしたがって調整が行われる。また，このタイプの反応がすでに国際航空輸送産業のある部分で生じている。広範囲に見られる航空機のリース制の活用は，航空会社に与える直接的な，短期の現金利用の利益に加えて，航空会社からの資本投資の不確実性をいくぶん除去するのに役立っている。空港は供給するいくつかのサービスをコントラクト・アウトしたり，そして航空会社はメンテナンス・サービスをコン

トラクト・アウトすることにより同様の利益を得ている。さらに多くの航空会社の内部構造は，今日，伝統的な労働の境界線をなくすことにより，一層柔軟になっている。

　産業構造が変化する時，その変化は必ずしも将来の不確実性のレベルについての懸念が引き起こすものではないが，しかし，問題の変化はしばしば将来の不確実性に関連している。ある場合には，顧客ロイヤルティーについての不確実性を小さくしようとして，FFPやラウンジ会員制度のようなマーケティング上の工夫が絶えず行われている。しかしながら，リスクを分散することによって特定の市場での不確実性がもたらす最悪の結果を緩和するのに役立つ提携，フランチャイズ協定，株式の相互持ち合い制などはおそらくより一層重要であろう。ある意味では，これらは一種の保険協定と見なされよう。しかしながら，新しい状況が展開するにつれてこれらのアプローチは一層精緻化され，発展させる必要がある。

第3章　航空輸送の参入・撤退問題

1．市場の問題

　国際航空は独自の費用特性を持たないが，費用関数のいくつかの特性が組み合わさって，それが新規事業者への参入障壁として作用する可能性がある（Doganis 1991）。このことはルートおよびサービス・レベルの双方に当てはまる。問題の費用関数の特性は技術的なものであり，競争関係にある会社の戦略的行動あるいは参入・撤退についての政府規制とは無関係である。それはきわめて単純に航空産業の技術的特性を反映するものである（Bureau of Transport and Communication Economics 1994）。

　本章では，特に航空市場の本質そして効率的な参入・撤退を妨げる固有の特性に注意が払われる。実際に，効率的な参入・撤退を妨げるものがあるかどうか，そしてもしそれがあるならば，政府介入を正当化するほど重大なものであるかどうかを吟味し，主に国際航空市場のさまざまな特性を掘り下げて検討することにする。

規模およびネットワーク・サイズの経済

　既存の事業者の活動の規模は潜在的な新規市場参入者にさまざまな問題を与えることになる。厳密には，アウトプットを2倍にする際に，2倍のコストを必要としないならば，規模の経済が存在する。そのような条件は大規模な場合を除いて市場参入を難しくする。しかしながら，航空部門の研究によれば，こ

の特定の意味における純粋な規模の経済の存在はほとんど実証されていない。実証結果によれば，最も小規模な事業者でも伝統的な規模の便益を有するようであるが，その規模の便益はすぐに消滅する（White 1979）。規模の便益はまたマーケティングや広告のような特定の分野にも存在する。しかし少なくとも，アメリカの国内航空輸送産業に関する一つの研究は，最大の企業規模においては不経済が生じうることを示唆している（Spraggins 1989）。

航空輸送産業の複雑な生産の特性を前提にして考えるならば，航空会社のアウトプットについて集計的な手法を用いた実証研究が決定的な結果を導かないということは驚くべきことではない。アウトプットを有償旅客マイルでみるならば，航空会社の事業規模は，他の諸条件を一定とする限り，ネットワーク，便数あるいは一便当りの旅客数を増やすことによって拡大するであろう。第一の要因については理論的にはネットワークの規模の経済に関係し，他方，その他の二つは密度の経済に関連して生じうるだろう。

ネットワーク・サイズの経済に関する実証結果によれば，航空会社の単位費用はネットワークの拡張に伴って必ずしも顕著に低下するわけではない（たとえば，Caves et al. 1984）。費用は，追加的な発着をカバーするためにネットワークを拡張するよりも，むしろ既存のネットワークにより多くの輸送を取り込むことによって節約することができる。すなわち，ネットワークを拡張することが事業者の準固定的費用（quasi-fixed costs）を高めることになるからであり，これが輸送量の増加から得られる便益を相殺することになる。なお，良好な地域的な接続は，大規模ではあるが一貫性のないネットワークよりも一層有効なマーケティング手段であろう。

ところで，アメリカの国内市場の経験によれば，全体としてみれば市場の自由化以後，特に広範な合併活動の結果として，航空産業内の集中が高まっている。また近年，特にEU内では，欧州の航空会社による大型の合併および他の形態の事業の共同化の動きが見られる。全般的に，自由化が国際市場にわたって漸進的に進捗するにつれて，グローバルな旅客輸送は10大航空会社に集中し，その割合は1993年までの10年間に44％から46％へ上昇した。同様の傾向は貨物

輸送においても見られる。

　しかしながら，ルート・ペアについての実証結果から，平均して都市間レベルでは集中の度合いがさほど大きくないことがわかる。この種の激しい競争の増加はまたアメリカ国家航空競争力強化委員会（United States National Commission to Ensure a Strong Competitive Airline Industry 1993）の報告書のなかで注目されている。その報告書のなかで，「一層激しい都市間ルートの競争があるという意味で航空産業は1978年の規制緩和以前よりもより競争的である」と述べている。同様に，欧州については，自由化された環境の下で運営されている国内航空ルートおよび1993年以前にすでに自由な二国間協定を享受していた国際ルートはいずれも，参入規制がはるかに厳しいルートよりも競争的であることが明らかにされている。

　実際，伝統的な意味での実質的な規模の経済は航空産業に存在しないだろうが経営の本質や規模に関連する他の経済が存在し，それが一層市場を集中させ，新規の市場参入・撤退の障壁として作用することになろう。それらは実際には準規模効果（quasi-scale effect）として考えられよう。

範囲，密度および標準化の経済

　標準的な経済分析は単一のアウトプットを生産する企業を中心に考えている。しかし，そのような標準的な経済分析では，国際航空のような産業を特徴づけるインプットとアウトプットとの複雑な関係を適切に説明することはできない。国際航空会社は一連の異なったアウトプットを生産している。国際航空会社は常にある所与の都市間ルートで複数のサービスを提供し，また多くの相互に接続するルートを持つ。範囲の経済は，一航空会社が既定のネットワークにわたって一連の輸送サービスを供給する方が，多くの航空会社がそれぞれ個別的に問題のサービスを供給するよりも安くつく場合に生じる。規模の経済は伝統的には他の形態のネットワーク活動に関連し，特に集荷や積替えの可能性がある場合に生ずる（たとえば，郵便サービスと鉄道貨物輸送，そしてこの種の規模の経済は今や，海上輸送において発展しつつある）。市場参入に関していうな

らば，範囲の経済が存在するということは，参入者の費用が既存の事業者の費用に対抗しうるとして，その参入は複数サービスの種類全体にわたって保証される必要があることを意味する。ところが1990年代のアメリカ国内市場で成功した2地点間の低コスト航空会社の参入はより大きなネットワークを対象とする輸送サービスよりもコストをより低くできることを示している。

アメリカの国内航空の規制改革の結果，航空会社は主にハブ・アンド・スポークの運航を媒介にしてサービスの多様化を求めている。他方，国際航空の市場では，フラッグ・キャリアが事業拠点を国内ハブ空港に求める傾向がある。しかしながら，ハブ・アンド・スポークがそれ自身大きな範囲の経済を生み出すという実証結果は必ずしも決定的なものではない。主な問題の一つは潜在的な範囲の効果を航空会社の費用関数の他の要素からの効果とどう分別するかにある。さらに，一連の航空サービスをまとめて供給する主な合理性は費用の節約と同時にマーケティングの利益に求めることもできる（たとえば，需要の側での利益）。たとえば，多様なサービスの供給は市場の中身を可視的なものにし，FFPをより魅力的なものにし，顧客ロイヤルティーを高める。これらが「ネットワークの価値」あるいは「プレゼンスの価値および顧客に対する効用の属性」の特徴である。

以上に関連する問題は比較的小規模な事業者および新規の市場参入者が相互に提携をすることによってこのようなマーケティングの利益を享受できるという問題である。それらの取り決めにはコード・シェアリング協定，相互のFFP，ラウンジ施設の相互利用など（たとえば，英国第二の航空会社であるBritish Midlandはこのアプローチを積極的に求めた）を含む。以上のような取り決めは航空会社一社による完全な事業管理を排除することになるが，コード・シェアリングは旅客が共通の航空会社のコードに基づくハブ経由のトリップを行い，そして事実上オンラインの状況にあるという利点をもつ。

輸送密度から生じる経済を手に入れることは，しばしば少なくとも範囲の経済を求めることと同様に重要である。しかし，その効果はさまざまである。ルート上の旅客が増えれば，座席キロ当りより安くつく大型機を利用すること

が可能となり，またより多くの便数を供給することができる。それらの要素は利用可能な座席キロの費用を低くする。それゆえ，市場の規模が拡大するにつれて単位費用が低下するとき，密度の経済が発生する。都市間ルートへサービス供給を増やして，ハブ運航を採用すれば，航空会社は未利用座席の利用を高めることができる。アメリカの国内市場の初期の実証研究は，かなりの密度の経済の存在を指摘し，特定のネットワークについてみると輸送される旅客数が1％増加しても，総費用は0.8％しか増加しないと説明する（Caves et al. 1984）。より最近の研究では，一層大きな密度の経済が指摘されている（Brueckner and Spiller 1994）。このような費用条件の下で特定のルートに関して競争的な市場参入が発生すると参入規模は大きくなる。しかしながら，アメリカおよび欧州ルートでの低コスト航空会社の最近の参入が示すところによれば，ある種の市場は比較的小規模な参入に向いていることを示唆している。

　標準的な機材からなるフリートを運航する際に発生する経済，すなわち標準化の経済というものも存在する。特に，予備部品，メンテナンス方法，運航乗務員の共通化（communality）は単位運航費用を削減することができる。このことはアメリカ国内市場において Southwest Airlines が，機材をボーイング737型機に統一することによって低コストを実現したことからも理解できる。標準的な航空機を利用している他の航空会社には，エアバス・インダストリー社製の機材を利用する TransAsia そしてデ・ハビランド（De Havilland）社製の機材を利用する Wideroe がある。標準化の経済は短距離市場での追求が可能であり，また現に追求されつつあり，そして市場参入にはほとんど障害がないようである。ある例では，航空会社が初めから標準的なフリートを準備するために大規模なセカンド・ホール市場を利用している。

　それゆえ，特定の経済規制がなくても，国際航空は現実の競争あるいはコンテスタビリティーの理想に一致しない。範囲，密度，標準化の効果により市場の不完全が発生するが，最近のアメリカと欧州の経験によれば，そのような場合においてすら新規参入が生じている。ここでは，効率的な市場参入と撤退の阻害要因としてそれらの効果が有する全体的な重要性が問題となる。さらに，

それらの効果を規制するような政策的な行動が要求されるならば，それらの効果がもたらすマイナスの影響を最小にする監督庁の適当な反応の内容が問題となる。政策に求められる課題は，真に経済便益がある場合に，その便益を完全に実現することを保証しつつ，競争に対する人為的な抑制を取り除く規制手段を考案することである。

しかし，これらのタイプの問題は，同様の条件が発生する多くの他の産業部門で見られるものと異なるわけではない。それらは政策決定者が処理する際によく経験する問題である。だからといって，このことは政策を決定するすることが容易であると考えるべきではない。もっとも，伝統的に主としてこの種の問題を処理しようとする反トラスト法，合併政策，消費者保護法などが存在する。しかしながら，現状を見るならば，国際航空市場における政府介入はしばしば，それらの問題に対処しようとするものではなく，むしろフラッグ・キャリアの市場シェアを保護しようとするものである（Michalski et al. 1993）。

経験の経済

航空および他の輸送産業，たとえばバスのような市場の最近の自由化について注目すべき一つの事実は（Button 1989），多くの既存の事業者は市場にとどまる力を有し，しかもしばしば自己の市場での地位を強化しているという事実である。そこには，「経験の経済」が存在するといえよう。この効果は部分的には，時には改革後に残された市場力に関する財産（たとえば，着陸スロットの既得権），また部分的には既存の事業者が当初から保有する事業の多様性と範囲によるものである。それらの有効性のほかに，しばしば市場における自己の存在そのもの，および存在から得られる経験に関連する追加的な効果が発生する。

既存の事業者の経験は多様な形で新規の市場参入者に対する障壁として作用するように思われる。

——のれん。多くの航空会社を前にして，潜在的な航空利用者はサービスの

内容および質についてのさまざまなレベルの情報をもつ。潜在的な航空利用者がリスクを回避しようとする心理は既存のサービスの供給者に有利に働き，「悪魔でも知っている方がましである（better the devil I know）」という心理を増幅させる。このような心理を広告や宣伝で乗り越える必要性があり，これが新規参入者の費用を押し上げる。

——情報。既存の供給者はサービスを供給する市場についてより多くの情報を持ち，サービスを特定の顧客ニーズに合わせることができる。新規参入者はそのような情報を手に入れる際に，資源を投入（sink）しなければならない。

——組織。新規参入者は新規サービスのニーズを彼らの他のルートに適応させなければならない。しかし，このことはこの組織の残存期間全体を通じて償わねばならない学習コストを発生させる。

これらの効果は頭のなかでは区別されうるが，より重要な問題はその計量的な重要性である。実証結果が少なく，正確な因果関係はしばしば確定することが難しい。米国の規制緩和以後の国内ルートへの参入者の特質を調査しようとして行われたアメリカ国内航空に関する初期の研究（Baker and Pratt 1989）では，既存の州内サービス専用の航空会社は，州際市場への影響力という点では，新規に設立された航空会社よりもずっと大きな影響力を持つことがわかった。このことはさらに規制緩和後のアメリカの新規ルートへの参入に関するデータによって裏づけられている。なお1980年の最初の三つの四半期には，281の市場参入のサンプルのうち245のケースで，新規参入者がすでに問題のルートの両端点にサービスを供給し，そして少なくとも277のケースでいずれか一方の端点にサービスを供給していた（Berry 1990）。

参入の自由化後，オーストラリアの国内市場に参入しようとしたCompass Airlinesについての分析は，のれんとブランドの確立がいかに難しいかを示している（Nyathi et al. 1993）。このタイプの問題に応える一つの可能な方法，そしてBritish Airwaysにリンクするいくつかの航空会社が採用した方法はフ

ランチャイズである。これはある費用を支払って，既存の事業者の確立された評価を利用して新規参入することを可能にする。アメリカでの最近の研究によれば，新規参入の費用が低ければ，新規参入は750マイル以下の市場でうまくいくことを示唆している。——Morris Air はその一例である (Bennett and Craun 1993)。

　市場への参入を制限する経験の経済が存在するならば，これは興味深い政策問題を提示する。経験の経済は本来，市場の優位性を表わし，したがってそのようなものとして，維持されるべきものである。しかしながら，効率性の基準は，最大の便益を享受するためには，この種の優位性はすべての利用者に利用可能となるべきことを示す。しかし，この問題は国際航空に固有のものではなく，R&D の研究成果に対する権利に関連する問題にいささか類似している。R&D の研究成果については，イノベーションを刺激し，それを保護する政策が求められねばならないが，同時に新しい成果が市場で広く利用できるよう保証されなければならない。

2．既存の事業者の対応

　純粋な市場の特徴は別にして，第二の大きな関心の分野は既存の航空会社が市場参入に対して人為的な障壁を設定する問題にかかわるものである。新規の小規模航空会社の参入が既存の航空会社の脅威になる場合には，しばしば人為的に参入障壁が設定され，それが規模の効果となって現れることがある。既存の航空会社は本能的に新規参入を妨害する方法を求める。実際，それまで規制によって参入が排除された部門に新規参入者が現れると，既存の事業者の間に極端な反応が生じる場合がある。新規参入はほとんどの国際航空市場において禁止されているので，既存の企業と新規参入者との間には規模に大きな格差がある傾向があり，それが既存の事業者の力を増すことになる。

　いくつかの国では，これまで交通産業は他の経済分野に適用された競争政策のうち重要な部分が適用されずにすまされてきた。すなわち，新規参入者はよ

り自由な競争制度の下では規定の適用解除がなければ違法と見なされる既存の航空会社の対抗措置にさらされることになるのである。その対抗措置には略奪価格，輸送力ダンピング，反競争的合併が含まれるだろう。既存企業（incumbency）という言葉はまたしばしば，参入を妨害するのに用いられる強固にガードされたインフラストラクチャーへのアクセスおよび制度的な優位性を意味する。重要な問題は，既存の航空会社によるこれらの反発が長期的な効率性を妨げるものかどうか，あるいはこれらの反発が，たとえば真に優れた経済的な利益を反映するものであるかどうかである。

常顧客優待制度（FFP）

　FFP は1981年にアメリカで始まった。1986年までにすべての主要なアメリカの航空会社がこの制度を実施し，1993年には FFP の会員はすでに3,000万人に達し，その累積飛行距離は１兆7,000億マイルとなっていた。FFP はアメリカ以外では，さほど急速には広まらなかった。一つには，いくつかの航空会社は FFP に関与することは本質的にゼロサム・ゲームを行うようなものであると考えたからであり，他方，EU 内では，FFP が競争政策の中でどのように位置づけられるのか明白ではなかったからである。しかしながら，FFP は今日広くすべての国際市場に普及している。

　FFP はしばしば航空会社のクラブ会員制と関連している。ある種の FFP は飛行距離に直結するものであり（British Midland の Diamond Club），また他の FFP は会員料金の支払いを求める（Qantas-Australian の Flight Deck）。いずれの場合にも，会員は私的なラウンジ，軽食そしてしばしばビジネス施設の利用が許される。これらの施設の利用は航空旅行者にとってサンク・コストの意味を持ち，それゆえ一度クラブに参加すれば，限界的な選択において問題の航空会社に定着するインセンティブを与える。

　そのような FFP は規制緩和された航空市場においてきわめて重要となる。政策上の問題としては，このような制度が顧客重視のマーケティング手段なのか，あるいはとりわけ新規参入を対象として人為的に設けられた効率的な市場

参入阻止の手段であるかどうかということである。既存の航空会社がよく口にすることであるが，FFPは常顧客を対象にする数量割引の一形態であるともいえよう。しかし，別の見方をすれば，商用旅行の関連で言えば，FFPはプリンシパル・エージェント問題を利用しようとする航空会社の戦術であり，旅行をする従業員は，必ずしも彼らの雇い主の利益にはならない決定を行うことになる（Humphreys 1991）。しかしながら，これらの動機づけの問題はあるが，問題はこれらの制度が効率的な市場での参入を妨げるものかどうかである。

FFPの存在は既存の航空会社，特に大手の航空会社に対し潜在的な市場参入を阻止するためにフルに利用しうる二つの重要な手段を与える。

——広範なネットワークを持つ既存の大手航空会社は旅行者に対しマイルを稼ぐより大きな機会を与え，そしてまた旅行者がFFPの恩典を受けるに足るマイル数を貯めた時には，この恩典をより多くの目的地に利用できることになる。いま，一つの極端な事例として二つの目的地にしかサービスを供給していない航空会社が直面する不利を考えてみよう。旅行者はたとえ無料の旅行ができるマイル数を貯めても，この旅行者は同じ場所へもう一回旅行できるにすぎない（Compass Airlinesがオーストラリアで AnsettおよびAustralian両社のFFPに対抗して旅行者がCompass Airlinesのチケットを購入した場合には1枚につき2枚の無料チケットを提供した際，この弱点に気がついた）。この種のFFP問題をある程度回避するために，小規模航空会社は魅力的なパッケージを提供するために相互に合併したり，あるいは大手の航空会社と提携したりする。しかし，そのような対応を行うには取引費用が発生し，これがこれらの航空会社にとって不利な結果を招くこともあろう。

——大手の航空会社はFFPの恩典制度が有する非線形的な特性からかなりの利益をうる。航空サービスの利用を一つあるいは二つの大手航空会社に集中することによって，旅行者はマイル数が貯まるにつれてより魅力的なFFPの恩典を受ける資格を手に入れる。貯めたマイルに有効期限

を設定する最近の傾向は旅行者による一航空会社への依存を一層重要にしている。

この種の議論は理論的なレベルでは概ね受け入れられているが，政策の問題は市場参入障壁としての計量的な重要性にかかわらざるをえない。この点については，多くの情報はFFPに関し最も長い経験を持つアメリカの国内航空から入手しうる。アメリカの実証結果から，ビジネス旅客はFFPに敏感であることがわかる（たとえば，Proussaloglou and Koppelman 1995）。アメリカ会計検査院（USGAO 1990）の研究によれば，航空機を利用するビジネス旅客の81％は少なくとも2回に1回はFFPのマイル数を加算できる便を選択している（表3-1）。このことは，FFPの存在が市場参入の潜在的な障壁と考えられる明白なケースであることを示している。

表3-1　アメリカのビジネス旅客がFFPの加算対象便を選択する頻度

	旅行代理店報告の割合
日常あるいはほとんど日常	57
2回に1回以上	24
ほぼ2回に1回	9
2回に1回以下	4
ほとんど選択しない	2
その他	3

出典：アメリカ会計検査院（1990）。

さらにアメリカ運輸省（1990）は，FFPは航空会社の選択に影響を及ぼし，そして大手の航空会社に有利に作用すると結論づけた。これはまた，1993年カナダの競争法廷（Competition Tribunal）がWardairの倒産を検討した際，カナダで表明された見解である。しかしながら，この影響の計量化は難しい。最近の試行的な研究はFFPがアメリカの大手の，既存の航空会社にどの程度人為的に有利に作用するかについて考察している。この研究はもしFFPが放棄されるならば，航空会社の市場シェアに何が生じるのかということを問題にしている。その研究結果によれば，一般に比較的大規模な航空会社は最も大きな損をし，最も小さな航空会社が最も得をするようであるが，このことが当てはまらないケースが多数存在する。

ある航空会社が一企業の判断に基づいて行動し，供給されるサービスの他の属性を変化させないで，FFPを撤廃するならばどんなことが生じるかということを検討することもまた価値のあることである。そのようなケースでは，明

らかになったことはアメリカ最大手の航空会社，AmericanとUnitedが市場シェアを失うだろうというのが一応の結論である（Morrison and Winston 1995）。他方，America WestとかMidwayのような比較的小規模の航空会社はFFPの廃止によりさほど大きなシェアの損失を経験しないがやはり，FFPを継続する方が有利であることを充分説明している。それゆえ，一度FFPになれた多くの旅行者はすべての航空会社がこの制度を提供することを期待することがこの研究から明らかになったようである。しかしながら，問題の研究は，FFPを持たず，アメリカ国内市場における500マイル以下の主要50ルート中，41ルートで現在サービスを提供する低コスト航空会社の成功を説明していない。

　ここで思い出すべきことはロイヤルティー・インセンティブが広く行き渡っているという事実であろう。そのインセンティブは，粉石けんの箱から剥がして収集されるクーポンから海運業における繰延リベートに至るまでさまざまである。ほとんどの場合，それらは黙認されている。その理由は，航空のケースにおけるように，これらのインセンティブは新規の小規模航空会社の市場参入を妨げるかもしれないが，競争相手の市場に参入したいと思っている既存の大規模な会社にとってはほとんど意味がないからである。なおその際，小規模な航空会社自身が参入障壁に立ち向かう戦略を練ることもあろう。たとえば，既存のFFPの会員になる権利を買い取るような戦略である。たとえば，British Midlandは資金的に強い繋がりをもつSASとの協力関係はもちろんのこと，Virgin, United Airlines, American Airlines, South African Airwaysとも協力関係にある。既存の航空会社はラテンパス・スキームに参加する南アメリカの15の小規模航空会社のように，大手の航空会社の侵入から既存の地位を守るために合体することがあり，そして実際，大手の航空会社の既存の市場に入り込むために手を結ぶこともある。このことはFFPが参入に関して全く潜在的な影響力を持たないということを意味するのではなく，むしろ現在この影響力が沈黙を守っているのである。しかしながら，FFPは現在新たな展開を示す市場の一つの特徴であるので，競争の監督官庁は常にそれらを監視し，評価する必要がある。

第3章　航空輸送の参入・撤退問題　83

コンピューター予約システム（CRS）

　CRS サービスは航空会社の発着時刻，利用可能性，運賃，運賃決定ルール等の情報をコンピューター化したシステムを提供し，そのシステムによって予約が行われ，チケットが発行される。このシステムは今日航空会社のイールド・マネジメント戦略の重要な部分を形成する。CRS を所有する航空会社に利益をもたらす CRS の力は以前から評価されてきた。規制がなければ，航空会社は，そのようなシステムをもっている航空会社による差別的対応に苦しむかもしれないといわれてきた。

　CRS が（1984年以来）アメリカで規制の対象となり，カナダ（1989年以来）および欧州も多年にわたって規制の対象となっているのは以上のような理由による。さらに1991年には，ICAO によって情報開示とアクセスの基準に関する行動規準（Code of Conduct）が制定された。この ICAO の統制は CRS をコントロールする航空会社による支配力の制限を目的とするものである。一つの重要な問題は国別の差別的取り扱いであった。しかし CRS の所有権が一層国際化し，これによりこの種の差別問題の重要性は小さくなってきている。より最近では，GATS が航空輸送サービスに関する付属文書の中で CRS システムを対象とする規制制度をより広範な多国間フレームワークのなかに組み入れるように求めた。

　歴史的には重要であるけれども，ハロー効果（halo effects: CRS を所有する航空会社に有利に展開する予約行為）は低下しつつある。ハロー効果は，すでに長期にわたってシステムを複数の航空会社が共有している欧州市場ではずっと小さい。さらに，コンピューター技術の急速な進歩，インターネットの発達，旅客が自分のコンピューターあるいは電話（たとえば，アメリカ国内市場では Southwest, Delta, United Airlines が利用するチケットレス・システムそして SAS や Lufthansa が展開するセルフサービス・システム）によって直接予約できることなどから，既存の CRS の所有者が及ぼす影響力は低下する傾向にある。実際，少なくともアメリカおよび EU における，航空政策についての最近

表 3-2　航空会社の CRS の所有

アバカス (Abacus)[1]	ガリレオインターナショナル (Galileo International)	インフィニ (Infini)[4]
全日空	エア・リンガス	全日空
キャセイ・パシフィック航空	エア・カナダ	セーバー (Sabre)
中華航空	エア・ポルトガル	アメリカン航空
ドラゴン航空	アリタリア航空	サーテル (Sertel)
エバー航空	オーストリア航空	アエロメヒコ
ガルーダ航空	英国航空	メキシカーナ航空
フィリピン航空	KLM	スカイコール (Skycall)
ロイヤル・ブルネイ航空	オリンピック航空	日本エアシステム
シルクエア	スイス航空	システム・ワン (System One)
シンガポール航空	ユナイテッド航空	コンチネンタル航空
マレーシア航空	US エア	ティアズ (TIAS)
アマデウス (Amadeus)[2]	ジェミニ (Gemini)[3]	カンタス／オーストラリアン航空
エール・フランス	エア・カナダ	アンセット航空
イベリア航空	カナディアン航空	エア・ニュージーランド
ルフトハンザ航空	ゲッツ (GETS)	ワールドスパン (Worldspan)[5]
アクセス (Axess)	SITA	デルタ航空
日本航空		ノースウエスト航空
		TWA

注：(1)　ワールドスパンはアバカスの 5 ％を所有。
　　(2)　アマデウスは，今日システム・ワンの多数を所有。
　　(3)　ジェミニは，今日カナダ市場においてガリレオインターナショナルを流通させているエア・カナダが全面的に所有するガリレオ・カナダに取って替られている。
　　(4)　アバカスはインフィニの40％を所有。
　　(5)　アバカスはワールドスパンの 5 ％を所有。
出典：Humphreys (1994a).

の高度な研究（United States National Commission to Ensure a strong Competitive Airline Industry 1993; Comité des Sages for Air Transport 1994）では，ハロー効果問題を重要な参入障壁と見なしていない。

　しかしながら，CRS サービスのシステム・ベンダーが各座席の予約に対して航空会社に高い予約手数料を課すことにより，参入は短期的に制約を受ける可能性はある。これは短距離市場での運航に関係する小規模航空会社に適用される固定的な手数料を理由とする特別の問題である。欧州では，この種の料金は一つの CRS に参加しているすべての航空会社により非差別原則に基づいて支払われるけれども，航空会社の多くはアマデウスのようなシステムを部分的に所有することにより，支出部分の多くを利益により回収している。アメリカ

運輸省（1990）によれば，セグメント当りの予約料金はサービスの供給費用の約2倍である。CRSを所有しない場合，小規模な航空会社は全体の費用についてみると1％程度不利になるようである。しかしながら，より最近の実証結果によれば，CRSの事業者の営業利益はかなり低下している。

CRSを利用する際の比較的高い料金はシステムの所有者の独占力を反映するものである。それが純粋な参入障壁である限り，その料金はCRSの初期の開発費用と将来のR&Dを刺激するのに十分な収益を考慮して適切な水準に設定されねばならない。高い投資費用，迅速な技術開発および潜在的な規模の経済を持つ多くの経済部門にみられるように，過剰な利益を抑制する容認されたメカニズム（たとえば，プライスキャップ規制）が存在する。

略奪的行動

略奪的行動は伝統的に市場内の競争に対する歪みと見られる（Hanlon 1994）。略奪を定義し，それを実際に競争的行動と区別することは難しい。しかしながら，略奪行為の一般的な評価は効率的な市場参入への障害と理解されるであろう。既存のネットワークの一部に参入することを考えている潜在的な参入者は，既存の事業者が競争的なルートで運賃を大幅に引き下げたり，あるいは輸送力を大幅に増強させるのではないかと考えるならば，彼らは参入を思い止まるかもしれない。その際潜在的な参入者が現実の行動よりもむしろ期待に基づいて決定を行うという意味で略奪の脅威が潜伏している。既存の事業者の力そのものが潜在的により効率的な新規参入者の行動を制限するという意味で，この力が市場を歪めることになる。略奪行為は，その存在が明確に示される場合は，規制されるべきとの一般的な合意があるが，潜在的な略奪行動に関して具体的に政府が行動を起こすことは特に難しい（OECD 1989a）。

ほとんどの場合，新規参入が行われる際に既存の生産者の採用するプライシングが，時に競争条件の変化するなかで利潤を最大にする（損失を最小にする）目的のものか，空席を埋めるためのものか，効率性の向上による費用の低下を反映した結果なのか，あるいは新規参入者を市場から排除するためのプラ

イシングかを規制者が識別することは難しい。略奪に関する潜在的な力を把握することは一層困難である。新規の潜在的な参入者が恐れるのは、闘争資金をもつ既存の事業者が短期的に価格を費用以下に引き下げたり、あるいは大量に輸送力を増やしたりすることである。この種の略奪的行動に対してとられた規制策のなかの一つのアプローチがブライト・ラインズ・アプローチ（Bright Lines approach）である。これはいったい何が略奪的行動を形成するのかについての特別なルールを示す（たとえば、問題の関連する費用の合理的な推定値以下に設定された価格）。EU が支持する他の一つのアプローチは理性ルールのアプローチ（Rule of Reason approach）であり（Dodgson et al. 1991）、それぞれのケースをそれぞれの状況に照らして検討するアプローチである。しかしながら、この種のアプローチを航空のケースに適用した例はきわめて少ない。少なくとも国際航空産業の略奪については詳細な研究は存在しない。

きわめて競争的な市場に存在する効率性を求める自然な圧力を背景にして、以上の事実に関し、数人の評論家は、他の参入障壁が低い自由化された航空市場において、略奪的な行動を封じ込める価値があるのかどうかを問題にした（Levine 1987）。しかしながら、国庫補助やその他の市場の不完全性の要因が存在するので、略奪の可能性は消えないで残っている。それゆえ、伝統的な国内競争政策の手段を使って略奪行為の発生の可能性を監視しつづける必要がある。

旅行代理店の販売インセンティブ

一つには CRS の開発の結果として、大半の航空チケットは航空会社のチケット販売所よりも旅行代理店を通して販売される。たとえば、オーストラリアでは国際航空会社の予約の85％は旅行代理店を通して行われている。このことは顧客が単一の情報源からフライトの情報を得ることができるという点では理論上の利点がある。しかしながら、もし旅行代理店が、顧客にアドバイスを行う際に大手の既存の航空会社を有利にしようとするインセンティブを持つならば、そこで市場参入の問題が生じる。その際もしオーストラリアで起こったよ

うに，航空会社が旅行代理店を買収するようになると，より一層重大な市場参入の問題となる。

　旅行代理店のサービスに対する報酬の受け取り方は国によって異なる。アメリカのような場合には，航空会社は自由に交渉し，旅行代理店との手数料の交渉に関して何も規制がない。1978年の航空規制緩和法から1995年に至るアメリカの経験では，固定的な報酬率が除去され，そしてリベートが許されたので，手数料の水準が上昇した。手数料の支払いは，1978年には平均して運賃収入の4％ないし5％であったが，1993年には12％になった。しかしながら，これは単に，1チケット当りに支払われる手数料率の引上げの結果によるものではなかった。手数料率の引上げにより旅行代理店はもっと精力的に比較的高い運賃のチケットを販売する気になるだろう。事実，航空会社は，基本手数料（a base commission rate）を基礎にしつつ，ある売上目標が実現されるならば，割増手数料（override commissions）を支払ったのである。割増手数料は最高10％まで上昇することは可能であるが，通常，最大の割増手数料は約5％であった。より最近では，ほとんどのアメリカの大手航空会社は費用削減策の一環としてチケットについて支払われる代理店への手数料の上限を制限している。アメリカ以外の航空会社がこれに追随したという事実はほとんどない。

　英国では，個々の会社に対する割増手数料制はリベートと同程度に一般的である（Civil Aviation Authority 1994）。リベートはしばしば，リベート目的のために異なるルート・グループに分類される。これらの企業のリベート制は伝統的な手数料の割増制以上に新規参入者にとっては悩みの種である。なぜならば，リベート制度の下では，たとえ問題の航空会社がすべてのルートで最も適切なサービスを供給していないとしても，リベートを受ける企業はすべての取引を（リベートを支払う）特定の航空会社に集中させる可能性があるからである。そのようなリベートの支配するルートでは，小規模な航空会社によるものであろうと主要な航空会社によるものであろうと，問題のルートへの新規参入は一層難しい。改善されたコンピューター情報の検索によって，航空会社がグローバルに顧客のサービス利用を追跡することが可能になり，国際市場におい

て顧客利用の監視がずっと容易になるだけに，このリベートによる参入抑制の問題はさらに大きくなる傾向がある。この議論がいかに説得力をもつかは関連する市場の定義および一般企業が従業員の商用旅行をいかに積極的にコントロールするかにかかっている。さらに，ある種の企業は自己の商用旅行を入札にかけることによって常に一つの航空会社に依存することを避けようとしている。この行為は大手の既存の航空会社による新規ルートへの参入を刺激するのに役立つかもしれないが，小規模の航空会社には新規参入を支援するものではないように思える。

　総じてみれば，市場内での競争に比べて，代理店の手数料が市場参入に関していかに重要であるかということは，まず第一に代理店が顧客選択に影響を及ぼす際にどのくらい影響力を持っているかということに依存する。この問題もまたアメリカの実証結果（United States General Acoounting Office 1990）が参考となる。アメリカでは，旅行代理店の51％は少なくとも2回に1回は顧客のために航空会社を選択し，そして少なくとも代理店の67％は予約便について少なくとも4回に1回航空会社を選択する。さらに，ルイス・ハリスの調査によれば，旅行代理店はビジネス旅行者に対する応対時間の41％を航空会社の選択にあて，レジャー旅行者に対してはその時間の55％を航空会社の選択にあてている。なお前者の旅客はより頻繁に旅行する人たちであり，より良い情報を持っている。また，この調査によれば，51％の代理店が少なくともある時間を割いて手数料インセンティブを考慮して航空会社を選択している。最後に，代理店は小規模航空会社から大きな手数料を受けるよりも大手の航空会社から小さな手数料を受ける方を好むようである。このことから財政的な健全性は別にして小規模の航空会社の参入を難しくしているようである。しかしながらこのことについては，いくつかの反論も聞かれる（Civil Aviation Authority 1994）。特に，代理店の影響力が最大限発揮できるのは多数の小規模な航空会社と取り引きする場合であり，したがって，（たとえ大手であれ）限定された数の航空会社からの手数料に依存しすぎることは代理店の長期的な利益にはならないという。

代理店はこのような影響力を持つであろうが，潜在的な新規参入はその影響を封じ込めるメカニズムをもつ。特に，潜在的な新規参入者が既存の航空会社とコード・シェアリングのような関係を持つことにより代理店にとって，既存の航空会社と新規参入者の区別ができなくなる。代理店の手数料の一部は，より良い質の情報とそれを供給する際に代理店が費やす時間に対する報酬を反映するものだといわれる。既存の航空会社が提供する航空サービスの中味はさまざまであり，代理店が旅行者にこれらのサービス内容を充分に説明する行為に対し代理店に追加的な代償を支払うことは正当化される。とはいえ政策の視点からすれば，規制を実行する費用は過大なものに思えるかもしれないが，手数料に関して一層の透明性を求める規制を行えば，それにより社会的な便益が生じるであろう。

3．インフラストラクチャー

航空は空港施設，航空管制（ATC）および航法システムを含む幅広い，高度に洗練されたインフラストラクチャーに依存する。このインフラストラクチャーが増大する輸送量を処理しなければならないのである。17カ国に存在する25の空港に国際旅客輸送の44％が集中し，15の空港に貨物トン数の50％が集中するという事実が需要を満たす問題と複雑に絡み合っている。1991年に，23のアメリカの空港はそれぞれ2万時間以上の遅延を引き起こし，今後，是正措置がとられなければ，2002年には少なくとも33の空港がこのような遅延を発生させることになると予測されている。

アメリカの国内市場の経験によれば，自由化はしばしばハブ空港間の競争によって効率性の向上をもたらす。これはハブ空港において適切な容量が確保され，そして多くのルートにおいて多頻度のフライトに対応する空域に適当な容量があって初めて，競争による効率性向上の機能が働く。1992年のEUパッケージ以前に見られる英国と他の欧州諸国間の自由な二国間協定の経験が示すところによれば，一地域の主要空港の滑走路容量が充分でないとき，競争はほ

とんど生じないといえる。オーストラリアの国内航空についても同様の研究結果が見られる。

空港のハブ化は便数の増加を促し，一航空会社内においても航空会社間の競争においても日々のピーク現象を悪化させる。競争関係にある航空会社は発着時間，便数，運賃およびよりよいルートの設定を通して競争を行う必要がある。——それゆえ，競争の拡大とは，ピーク時における1ルート当りの便数の増加およびルートの増加を意味する。旅客輸送の増加が予測される場合には，より自由な市場で必要となる輸送容量は航空機の大きさよりもむしろ支配的には便数の増加によって満たされねばならないということである。このような予測は，新規の低コストの航空会社との競争はもとより，1ルート当りの便数の増加および既存の航空会社当りのルート数の増加を反映する。こういう状況では，航空機の大きさは急速に平準化し，空域利用およびハブ空港での滑走路スロットに対する圧力が増加するであろう。その結果，個々のルートにおける競争は激しくなるものの，新規の航空会社による参入障壁は高くなるだろう。

これらの考察から，二つの一般的な問題が示される。すなわち一つはインフラストラクチャーを拡張する必要性にかかわるものであり，他の一つは既存のインフラストラクチャーへのアクセスにかかわる問題である。

容量の拡張問題

アメリカ，英国－欧州市場および英国の国内競争の経験では市場の自由化に伴って，輸送量が短期的には10～15％押し上げられている。いずれか一方のターミナルおよび地上アクセスシステムが制約される場合，もしそれらのいずれか一方が容量の限界に達しているのであれば自由化の便益は制限されることになる。同水準の技術と管理手法の下でより多くの施設を建設することによって，輸送力を向上させることは可能であり，そしてまたソフト面のスキルの水準の改善により輸送容量の増加をはかることも可能である。経済原則（たとえば，適切なプライシングとか商業化）の単純な適用は重要であるが，より良い管理の導入はしばしばより高度な生産技術を求める。輸送力を増強させ，市場

参入を容易にする長期的な見通しはこれらのさまざまな分野において実現されうる行動の速さに依存する。

ターミナル周辺の空域容量は，高密度の滑走路の利用に関係する空域の利用手続きを改善したり，航空機が複雑な飛行経路を維持する精度をあげる技術を適用することにより高められうる（Federal Aviation Administration 1993）。到着便については，最適な到着の順番（sequencing），間隔および時間設定をオートメ化することにより一層の改善が可能である。離陸時の効率性を高めるためにも同様の研究がなされている。航行途上の輸送力の改善は，短期的には他の管制区域から近づきつつある航空機を管制官が早期に警告したり，数時間前に航行活動を予測したりすることによって改善することができる。現在，管制官のために自動化された他の支援システムが計画されている。航空管制が今なお実現していない広域に及ぶ地域については当然であるが，最も運航密度の高い大西洋および太平洋横断ルートにおいても，適当な輸送容量が確保されるべきである。

物理的な輸送容量に投資することは予測される（将来の）滑走路の需要を部分的に満たすにすぎないので，空港への進入方法を変えることによって既存の滑走路の輸送容量を増大する必要がある。新しい技術が与える便益の大きさは空港により異なるが，既存の状況においてさえ輸送力を50％増強することは可能であり，そしてある場合には，輸送力を100％増強することも可能だろう。それらの技術は別として，たとえば最も混雑しているアメリカの33の空港のうち25の空港に関して新しい滑走路が計画されている。しかしながら，1980年代初期に，12の新しい空港が計画されたが，Denver国際空港だけが実現されたにすぎず，計画された空港の増強はしばしば実現されないことを示唆している。

欧州横断空港ネットワークのアウトライン・プラン（Commission of European Communities 1993）によると，需要を満たすためには2000年までに空港の輸送容量は50％増強される必要があると考えられている。その結論によれば，既存の空港開発計画は需要の増加分を充分吸収できるものと考えている。しかし，これは楽観的であるかもしれない。計画のプロセスは投資を鈍化させるだ

けでなく，大きな圧力がかかる多くの地点では現状よりも一層悪化する傾向がある。この計画によれば，中規模の地域の結節点の利用を促すことによって主要な結節点にかかる圧力を下げることが仮定されている。しかしながら，歴史的には，これらの結節点におけるより早い成長が逆の効果をもたらしている。どの航空会社も他のルートを開設したからといって重要なハブ空港への便数を減らさないだろう。大部分の主要なハブ空港へのアクセスを確保する唯一の方法は今後とも他の航空会社との提携かあるいは何らかのスロット管理によるものであろう。

アメリカおよびEU以外のOECD諸国に関して，計画された滑走路の輸送容量の状況はさまざまである。トルコでは，新しいターミナルがAtaturk空港，Antalya空港およびEsenbogu空港のために計画されている。アジア／太平洋地域における主要な問題点は多くの輸送が長距離であり，飛行計画が制約され，これにより滑走路のスロット需要がきわめて高くなることである。日本，特に東京における滑走路のスロット不足は深刻である。

この空港容量の問題について，その全体的な意味は必ずしも明確ではない。エアバス・インダストリー社（1994）は短期的な欧州の滑走路の容量および空域を別にすれば，現在の状況は管理可能であると感じている。ボーイング社（1994）は混雑は過去のものほど輸送量の増加に影響を与えないが，混雑に対する運航上の対応策（たとえば，代替ルートおよびより大型の航空機の利用）に影響を与えるだろうと考えている。アメリカの輸送調査委員会（Transport Research Board 1993）の研究班は，もはや拡張しえない，管理上の対応策が必要とされるいくつかの重要な結節点を別とすれば，このシナリオに同意している。

しかしながら重要なことは，空港の混雑はしばしば不適切な容量の結果だけではなく，空港へのアクセスに関する不適切な政策の結果であるということである（Michalski 1993）。インフラストラクチャーに関して政策の立場を展開する際の重要な問題は，事実上すべての国において経済的なプライシング政策が現在欠けているということである。投資に関する長期的な決定が歪められない

ように，短期的には既存の航空インフラを効率的に利用する政策を実行することが重要である。

インフラへのアクセス問題

単純な経済学によれば，理想的な状況においてさえ，将来利用されるために過剰なインフラストラクチャーが待機して横たわっているということがあってはならない。インフラストラクチャーの余剰があり，そして参入が経済的なプライシングによってのみ規制されるならば，その場合アクセス問題は発生しない。しかしながら，供給における不可分性が意味するところは，最も経済的に効率的な投資戦略であっても（旧来の容量が取り替えや拡張されようとしている場合は）ネットワークの他の部分が過少利用になるであろう。投資は混雑そのものの存在によってではなく，むしろ全体の混雑費用がインフラストラクチャーの追加費用を上回る場合に正当化される。投資はそこから最高の経済便益を生み出す利用者によってアクセスされるべきである（OECD 1993c）。しかしながら，実際問題として特定の航空会社の利益を保護しようとする優遇政策が絡むか，あるいは歴史的な偶然性の遺物として，現行の配分方法の下では潜在的に最も効率的な航空会社でさえ新規参入者が航空市場へ適切にアクセスして利益を得ることを難しくしている。

多くの空港は増強されているとはいえ滑走路の容量は今後とも不足しつづけるであろう。アメリカ連邦航空局（the US Federal Aviation Administration）は四つの最も制約された空港施設においてながらくスロット配分政策を実施してきた。国際便サービスはスロット配分においていくぶん優先されているがしかし，私的なジェネラル・アビエーションに対してわずかな一定の割合が確保され，そして残りの部分が金銭的な取引の対象となる。もっとも初期の配分は既得権（grandfather rights）に基づくものである。「不使用に伴う利用権の喪失（use it or lose it）」という規定もある。他の国はスケジュール委員会（scheduling committees）に依存してスロットの配分を行う。アメリカ合衆国およびIATAの方法はともに活動水準がピーク時の容量に近づくにつれて参入

障壁を一層高くすることになる。

　EU は，スロット規制の第一段階として独立した会社が各地方のスケジュール委員会を運営するよう求め，当時80％利用されていないスロットをすべて再度配分し直すために共通にプールし，その際そのうちの50％を新規参入者に利用させることにした。もっともこの方法が，スロットがすでに過剰に利用されている最も繁忙な空港への参入に大きな影響を及ぼすかどうかは疑わしい。民間航空庁（CAA）が小規模な事業者によるアクセスおよび閑散ルートへのアクセスを保護するためにこの特別枠の確保（ring-fencing）を積極的に求めないのもこの疑念によっている（CAA 1993a; 1995a）。

　より健全な経済的プライシングの利用もまた問題を抱えている。スロットのピーク・プライシング，オークション，取引，行政的な再配分の賛否両論が繰り返し述べられている（Banister et al. 1993）。それらの議論はそれぞれ欠点をもっている。たとえば，ピーク・プライシングは Heathrow 空港での小型航空機の参入を阻止する以外ほとんど役立っていない。

　航空機がより大型になるにつれて，滑走路のスループットは追加費用あるいは追加的な建設を伴わないで，発着回数に正比例して増加する傾向にある。しかし，より大型の航空機はより大きな駐機空間を必要とする。その過程で，誘導レーンおよび誘導路は一層制約されることになる。新しい大型の航空機の導入は多くの主要空港において深刻な問題を引き起こすだろう。航空機がより大型になるだけでなく，より多くの発着回数が受け入れられるならば，多くの繁忙な空港の敷地面積の制約がエプロンの拡張のための土地取得を困難にするであろう。

　エプロン空間が全体としてたとえ充分であっても，駐機場の利用可能性が深刻な参入障壁となりうる。アメリカでは，駐機場の不足は航空会社間のリース料に影響を及ぼし，又貸しの結果，最終のリース料はもとのリース料をはるかに上回ることになる。駐機場が欧州のようにすべて共通利用であるならば，このようなことは生じるはずもないだろうが，駐機場が全く利用できないのならば，滑走路のスロット利用権を手に入れても航空会社にとって何の意味もない。

実際，既存の航空会社が自己のターミナルおよび航空機処理施設の近くで駐機場を継続的に利用できるようにスケジュール上の路線往復所用時間を延長しておくことは問題の既存の航空会社にとって割に合うことだろう。

　同じような状況はチェックイン施設をもつターミナルの内部においても生じるだろう。以上のように共通の利用施設は空間のより効率的な利用を可能にするが，自由化は航空会社の自己の製品ブランドを旅客の地上ハンドリング全域で拡大したいと思う気持ちを一層強化する。これは利用者に個室ラウンジ施設を提供する際に空間の問題を生み出すだけでなく，別個のチェックインを必要とし，その結果，共通の利用者施設の便益を希薄にし，新規参入者に対して十分な施設を開放することを難しくする。

　地上ハンドリング・サービスはしばしば独占的に供給されている。多くの場合，この理由は空港が複数の業者を受け入れるにはあまりにも小さすぎた時代にまでさかのぼることができる。しかし，空港がマドリッドやフランクフルトのように大きくなってもしばしば独占が続いている。時には，機内食の供給に対するフランチャイズに関するようにサービス基準に対してかなり厳しい規制が維持されているものもある。しかし，一般的にはそのサービスの質と費用は市場でテストされていない。実際，独占的な供給者グループの中でも，欧州内の航行に限定されるボーイング737-400のチャーター機のハンドリング・コストは600ECUから2400ECUまでかなりの幅がある。駐機場における安全性と効率性を確保するためには厳密な操作上の制御を必要とし，したがってその分，空港の処理能力はかなりの影響を受け，そして空港間競争が空港料金をコントロールするということが議論されうるが，旅客および貨物のハンドリングの競争のみならず航空機の競争を可能にする多忙な駐機場をもつ空港もある。

　問題の空港を支配する航空会社が独占的なハンドリング業者である場合，状況は一層悪くなる。実際，既存の航空会社による地上ハンドリング・サービスに対して自己の組織内でサービスを供給する場合，または代替的な第三者の供給業者に支払うよりも高い費用を既存の航空会社に支払わねばならないという場合である。第二は，競争関係にある既存の航空会社が新規の航空会社自らが

行うのと同じように慎重に旅客あるいは手荷物の処理にあたるかどうかという顧客の処理方法の問題である。たいていの航空会社は自らが顧客に対応することを好むであろうし、少なくとも彼らは一つの選択を行える状況におかれねばならない。ある場合には、既存の独占は国内法廷で訴訟の対象となり、そしてEUは空港の自由化、とりわけ年間200万人を超える旅客を処理する空港の自由化を立法化するよう提案している。

　陸上施設の混雑は一般に反競争的な参入障壁にはならない。個々の航空会社グループに関係するターミナルが異なるレベルのアクセスあるいは車寄せの利用をもつという例外的なケースも存在するが、航空会社は通常、目的地では旅客を区別しない。この例外的なケースはHeathrow空港の第四ターミナルにおけるBritish Airways, Birmingham空港の新しいユーロハブ施設、Charles de Gaulle空港におけるAir Franceそして Toronto空港第二ターミナルのAir Canadaに当てはまるといえるかもしれない。しかしこれらの議論は決して明快ではない。航空会社によるターミナルの単独利用の伝統をもつアメリカでは、ターミナルの経営は競争本体の一部を形成するものと見なされる。

　1978年の規制緩和以後のアメリカの経験によると、スロット、ゲートそしてチケット・カウンターの支配は既存の航空会社に競争上かなり有利な結果を与え、ある場合には重要な参入障壁として作用しうることを示している（United States General Accounting Office 1996）。この事態は航空会社と空港事業者との協定の内容によってしばしば一層強化される。このような協定は既存の航空会社に空港の発展を拒否する力を与え、結果的に、新規参入者あるいはライバル企業を締め出すことになりかねない。他の国はこの米国の経験から学習する機会を得た。たとえば、カナダはいくつかの空港において共通に利用するゲートを確保した。またEUは、とりわけ小さな市場においては、新規参入者に対しある程度の過渡的な保護を与えるいくつかの規定を設けた。他方、オーストラリアはほとんどすべての国内航空用の空港ターミナルが二つの既存の航空会社のうちのいずれかにより所有されているという状況においてすら規制緩和をすすめた。この空港所有の背景が新規参入者であるCompass Airlinesの最初

の破産につながる要因の一つであるといわれた（Trade Practices Commission 1992）。

4．直接介入の問題

国内および国際航空の政府規制は伝統的に市場への参入と撤退に対し重要な制約を加えた。国際航空について政府が介入する根拠としては航空の安全性の確保，環境保全，経済的保証，国の治安，領土に関する主権，幼稚産業の保護，競争問題というように，いろいろの理由が述べられた。航空産業を含めて市場への何らかの介入は，社会的費用（たとえば，社会的に容認される安全性基準を満たしたり，あるいは環境上のコストを充分に考慮することを保証するという形で）を取り込むために，一般的に望ましいということは広く容認されている。実際に，市場参入および市場内での行動に対する経済的なコントロールはつねにこれらの社会的目的を満たそうとする質的規制を伴う。他の理由に基づく政府介入は一層異論のあるところである。事実，繊維に関する多国間繊維協定（Multifibre Agreement）のように，規制の多くは地方の生産者を保護し，新規の供給者の参入を禁止している。

二国間航空サービス協定

1944年のシカゴ協定は航空サービス協定の二国間システムを確立し，これがその後の国際航空輸送を支配している。国家間に成立する二国間協定は協定によって実現する利益を特定の二国のパートナーに限定することによって，限定された変化がどのような結果を与えるかという実験を可能にする利点を持つ（Kasper 1988）。二国間協定はまた航空会社が海外市場で競争する能力を制限する貿易障壁を考慮して各国が経済的権利のパッケージを調整することを可能にする。

厳密に言えば問題は二国間体制そのものではなく，むしろ二国間体制がしばしば実行されるその仕方にかかわる。二国間航空サービス協定の長所はその柔

軟性にあり，特定の市場の要件を満たすように調整することができる。比較的自由なものとして，たとえばアメリカとオランダ，アメリカとカナダそして最近のアメリカとドイツの間で結ばれた二国間協定がある。さらに，特定の二国間協定の地理的制限は，部分的にはより自由な協定内容によるかあるいは第六の自由の権利を用いて回避されるだろう。

しかしながら，二国間協定の下で行われる参入・撤退に関する伝統的なタイプの規制は航空産業の発展を制限することになろう。二国間体制の根本的な弱点は，本質的に多国間的である国際ネットワークの輸送フローに対応できないということである。伝統的な国際市場は各国を代表する航空会社によってサービスが供給されるが，航空会社は同じ運賃を課し，しばしば市場と収入を分かち合う。いくつかの二国間協定はまた地上ハンドリングのようなものの責任をとる条件を規定している。二国間協定の条件は貿易や観光を含む一国の利害だけでなく，問題の国の交渉力および現行の航空政策を反映する。これまでのところより厳しい制約を持つ二国間協定では，生産性は通常，保護を受けている航空会社では低く，コストは高かった。新しい市場参入者を排除したり，事前に決まっている市場規模を既存の事業者のなかで分割するという状況の下では航空運賃は高かった。一国の政府はしばしば国際航空サービスの運賃をIATAの傘下に入っている航空会社に委譲してきた。輸送量を事前に決定された水準に抑えることは高い運賃設定の前提条件であった。規制による新規参入の禁止によって保護された航空会社は，自由市場システムにしたがう航空会社と比較してその生産量はずっと少なく，運賃はずっと高いものであった。

最近，二国間協定を自由化する動きがある。多くは北大西洋ルートに関するものであり，米国のオープンスカイ政策の一環を形成するものである。主要な変化は1978年のアメリカとオランダの二国間協定に端を発するものであり，輸送容量，便数および運賃の問題に関して政府の介入を大幅に撤廃した。1993年にはEU内の多国間の自由化をめざす動きがみられたが，1984年にはすでに英国とオランダの間で航空協定が結ばれ，それに引き続き二国間協定に対する多くの重要な改革があった。これらの動きは，特に全体的な市場に基づく輸送戦

略の一部として英国が推し進めた改革に刺激されて，EU と EU 以外の諸国との間にさまざまな航空協定を生み出すことになった。それらは程度の差こそあれ，開放的なルート・アクセスを与え，容量規制のない航空会社の複数社指定を認め，運賃の両国不承認（double disapproval）を提案するものであった。1992年には，オープンスカイ協定がアメリカとオランダの間で調印された。この協定は本質的に市場における政府介入を排除するものである。1995年には，自由な二国間協定がアメリカとカナダとの間で調印された。この協定はその後3年間にわたってそれまで存在した国境越えの運航に関する多くの規制を排除するものである。アメリカは1995年に多国間（オープンスカイ）交渉を開始する用意があることを公にし，多くの欧州の小国との予備的協定を包括するように自由な二国間協定の範囲を拡大している。

　今日，伝統的な二国間協定の改革およびそれに類する政府の介入障壁の排除により，運賃は安くなることが充分立証されている。1978年以前の参入規制に与えられたアメリカの規制システムを検討してみると，参入規制が存在しなかったカリフォルニアに比べて州際の航空運賃はより一層高かったことが判明した（Levine 1965）。同様に，Barrett (1987) によると，きわめて強い規制を受けた欧州の定期航空産業のコストおよび運賃は高かった。事後研究が示すところによれば，英国とアイルランドの二国間協定の自由化の結果，1986年から1988年の間に旅客イールドは平均して約3分の1低下したが，旅客数は2倍になった。市場参入が自由である欧州のチャーター便の航空会社の運賃は規制された市場参入政策の下で運航する定期航空会社の運賃よりもかなり低い。

　二国間協定の有する経済的な意味を十分に評価することは，問題の協定の規定に関する情報が完全でないために困難である。二国間協定はその詳細においてかなり異なることもある。しかし典型的なケースにおいては，二国間協定は以下の三つの部分からなっている。

　——二国間協定。二国間協定は課税，空港料金，航空サービスの販売に関する取り決めのような多くの権利とともに，それ自身運賃および輸送容量

に関する権利を規定する。政府は最終的に責任を負うが,旅客および貨物の運賃の決定はしばしば航空会社に委ねられる。
——各国に与えられる現実の輸送権についての協定を盛り込んだ付属文書。そこではルートが規定され,第五の自由の権利が定義されている。
——基本協定を精緻化する多くの付加事項(たとえば協定覚書)。アメリカ関連のサービスのケースは別として,この付加事項は(シカゴ協定第81条および第83条にもかかわらず)一般に機密事項である。これらの付加事項は二国間協定が市場に及ぼす影響を正確に評価することを難しくしている。

　各国間の一連の二国間協定の下で実現する多国間運航にとって二国間システムはいろいろの意味を持つ。同様に,ICAOおよびその他の機関は紛争解決のための適切な手続きを欠いていることを指摘している。このことが紛争を長引かせることになるかもしれない。その解決の手続きは性質上特殊なもの(ad hoc)であり,それが適用される状況に応じて処理されねばならない。このことがまた問題解決の手続きの効率性の評価を難しくする。
　二国間協定が存続するいくつかの市場で変化がみられるが,今日より一般化しつつある自由化された構造でさえ参入に対しては完全に自由ではない(Doganis 1991)。通常,政府から指定を受けた航空会社はその国の国民によって有効(かつ基本的)に所有されねばならないという条件がある。第五の自由の権利がますます認められてはいるが,もし第五の自由の権利が問題の第三国との二国間協定のなかに盛り込まれなければ,この権利は実際に利用できない。これが利用可能であっても,EUの航空パッケージⅢにおける第五の自由の自由化にみられるように,その影響力がきわめて小さいこともある(表3-3)。自由な二国間協定といえども国内のカボタージュ権を自由にするものではなく,このカボタージュは純粋な国際的なハブ・アンド・スポークの運航機会を制限する。もちろん,航空会社がそれらの問題のいくつかのものを回避しうる方法がある(たとえば,財政的な対応あるいは運航協定によって当事国の航空会社

との連携)。しかしこれらの方法は,他の形態の便益を生み出すかもしれないが,思ったほど効率的ではないし,それ自身政府のお荷物になる(OECD 1993d)。

表3-3 欧州における第五の自由による運航

時期	週当りに供給される路線*	週当りに供給される座席数
1991年7月	16	24,456
1992年7月	21	23,278
1993年7月	33	38,428

注:*1993年には636国際定期都市間路線があった。
出典:欧州共同体委員会(1994)。

外国の所有

航空サービス協定と航空会社の所有の間には重要な関係が存在する。航空機は多くの国のナショナル・フラッグシップとして活躍した商船に取って代わっている。外国資本による所有に関しては,各国の国内法の内容が異なり(Fiorita 1992),そして今日民営化が漸進的に進行しているにもかかわらず,多くの主要な国際航空会社は今なお公的に所有されるか,あるいは政府が株式の主要な部分を保有している。他の場合には,自国の航空輸送産業における外国資本の投資を阻止あるいは制限する規制がある(表3-4)。

多くの国は自国の航空法あるいは交通法に外国の所有制限がある。その制限には若干差があるが,ほとんどのものは次のように規定する。すなわち,(a)航空会社の支配権は一国の市民あるいはその国の居住者に属するものでなければならない,(b)外国資本による航空会社の株式所有は議決権をもつ普通株の一定割合,しばしば25~49%の範囲に限定される。一国が外国資本による株式所有に関して公式の法的制限をもたない場合でも,事実上の制約がある。政府の規制者は一国の航空会社の経営を支配する外国資本の利益を看過したくないという意向を伝える多くの手段をもっている。

航空会社の所有,特に外国資本による所有に関する規則は航空サービス協定のシステムに密接に結びついている(Bureau of Transport and Communications Economics 1994)。航空サービス協定はつぎの重要な原則に基づいており,かつ,それに依拠している。すなわち,

表3-4 資本移動に関する OECD 規準と航空輸送の外国直接投資における留保条項の適用（国際協定の下での義務を除外）

オーストラリア，オーストリア，カナダ，アイルランド，日本，スペイン，英国，アメリカ：航空輸送における投資。
フィンランド，オランダ：航空会社を運航している企業における投資。
デンマーク：航空輸送免許を所有しているもの。
フランス：株式資本の少なくとも，50％がフランス国民によって所有されない場合は航空輸送における投資。
ギリシャ，アイルランド，ポルトガル：航空会社の資本の49％以上を所有しているもの。
イタリア：イタリアでの外国人による航空機の購入とそのような航空機を所有する企業の株式資本の3分の1を超える外国所有のもの。
ノルウェー：資本の少なくとも3分の2がノルウェー人所有である有限責任会社を経るもの以外の航空輸送における投資。
メキシコ：国内航空輸送，エア・タクシー，および特殊航空サービスについては全体で25％までの資本参加，そして許可される場合にはエア・ターミナルの経営全体で49％を超える資本参加を除く航空輸送における投資。
ドイツ：資本の25％を超える航空輸送企業における投資（海外に本社を持つ航空会社の設置は相互条件の対象となる）。
スウェーデン：スウェーデンの法人企業を経るものを除いて，航空カボタージュ，国際航空輸送そしてスウェーデンに登録されている航空機の取得を行う投資。

出典：OECD Codes on Capital Movement.

―― 本国の空域における排他的主権，
―― 登録国の国民による航空会社の実質的所有権の保有，
―― 登録国の国民による航空会社の有効な支配権の保有。

　二国間システムの下では各国は，実質的な所有とは何であるかを正に自由に決定することができる。一般的にいえば，過去においては，国の所有（あるいはより稀ではあるが，SAS におけるノルウェー，スウェーデン，デンマークの参加にみられるように共同所有）を肯定する傾向がみられた。しかし，より自由な協定の利点が明らかになるにつれて，過去の傾向は修正されつつある。もちろんこのことはそれ自体二国間構造のシステムを破壊するものではないが，それに向けての言外の意味を有している。
　航空会社における外国投資に関する政府の所有規制は資本が既存の航空会社に流れることを抑制し，そして海外進出企業が国内市場で地歩を固めるのを遅らせるように作用する（OECD 1988）。これまで伝統的に外国所有は規制され，

表3-5 主な航空会社の外国所有

国	航空会社	%	国	航空会社	%
ヨーロッパ			北アメリカ		
オーストリア	オーストリアン	20	アメリカ	アメリカ・ウエスト	20
	ラウダ	40		コンチネンタル	20
ベルギー	サベナ	49		デルタ	10
フランス	TAT	49		ハワイアン	33
ドイツ	ドイチェBA	49		ノースウエスト	24
ハンガリー	マレーヴ	30		USエア	22
ルクセンブルク	ルクス・エア	13	カナダ	カナディアン	33
ロシア	エア・ロシア	31	オーストラレーシア		
イギリス	エアUK	45	オーストラリア	カンタス	49
	BMA	40	ニュージーランド	アンセットNZ	100

出典：*Airline Business*, July 1994, December 1995.

　ほとんどの市場で規制が存在するが，その状況は徐々に変化している。外国資本による所有は今日多く存在するが，今後の民営化とともに，その数は一層増加するだろう（表3-5）。

　たとえば，EUの航空輸送パッケージⅢはEUの国民および航空会社が別のEU加盟国に登録されている航空会社の株式を保有することについてまったく制限を設けていない。しかしながら，EUに属さない者による株式所有についての規制はなお残っており，若干の例外はあるが，EUに属さない国の投資家はEUの航空会社の過半数の株を所有することができない。さらに，問題の航空会社に決定的な影響を及ぼすと考えられる場合には，その投資は認められない。もしEUに属さない国の投資家が自国の航空会社に対する外国資本の投資を自由化している国に所属するならば，EUの航空会社とEUに属さない国の投資家との間でより自由な株式の交換が行われる可能性がある。

　米国では今日特定の状況の下では外国人の株式所有は49％まで，そして外国人の議決権付きの株式なら25％まで所有が可能である。政府はまた所有する株式の種類にかかわらず，外国の株主が意思決定に実質的な影響を及ぼしうるかどうかを決定するために特別なコントロール・テスト（ad hoc control test）を課している。オーストラリアの民営化対策によってBritish Airwaysが仲間競売（trade sale）を通してQantasの所有権を手にし，また1989年のAir New

Zealand の民営化により，Qantas, Japan Airlines, American Airlines のコンソーシアムが発行株式の35％を購入した。日本では，外国国籍の保有者による航空機登録は制限され，そして航空会社の議決権株の3分の1を超える外国資本の所有を禁止している。

　全体的にみて，航空会社に関係する外国資本の所有および関与に対する規制が後退する傾向にある。しかしながら，この傾向は全地域および全市場について同様に認められるというものではなく，なお障害が残っている。さらに以上のような変化とともに，国際航空サービス協定の二国間システムそのものが一層発展した。

国家およびその他の財政援助

　少数の明確に限定された状況においては直接的な政府の補助は正当化されるであろうが，直接的な政府の補助は通常の市場の特徴であってはならない。たとえば，僻地への社会的サービスのための国庫補助はそれが効率的に管理されるならば（たとえば，国際的な入札システムを通して），経済的な観点からしても，このサービスの撤退を抑制することが望ましいであろう。国庫補助に関する実際的な問題点としては，目的の設定がしばしば明確でないこと，資金の使途に関する規制が実行されないこと，そして国庫補助を取り扱う条件が国家間で一貫性がないことがあげられる。

　一つの重要な問題は国庫補助がしばしば生産的でない航空会社を保護したり，市場に存続させるために用いられているということである。生産性の欠如は通常，範囲，密度およびその他のアウトプットに影響を及ぼすパラメーターの性質からくるのではなく，航空会社が自己の資源を管理する際の内部的効率性（いわゆる，X-効率性）に起因するものである。より生産的な外国の航空会社による市場支配の恐怖心がしばしば生産性の低いフラッグ・キャリアを財政的に支援する制度を生み出すことになる。生産の効率性を計算することは決して容易ではない。しかし，一般的にみて，市場や航空会社のパフォーマンスの実質的違いを考慮するとしても，アメリカの航空会社の生産性は欧州の航空会社

のそれよりも高いといえる。平均的にみて，欧州の航空会社の物理的生産性はアメリカの航空会社よりも約20％低く，単位当り費用は50％以上より高い水準にある（Avmark Inc. 1992）。低い生産性の理由の一つは，欧州の航空会社がしばしば大きな直接的な国庫補

表3-6 EUが認可した欧州の航空会社に対する国庫補助（1991～96年）

航空会社	国庫補助	日
サベナ	1,800百万ドル	1991年8月
イベリア	1,200百万ドル	1992年5月
エア・リンガス	250百万ドル	1993年12月
TAP	1,100百万ドル	1994年7月
オリンピック	2,300百万ドル	1994年7月
エール・フランス	3,700百万ドル	1994年7月
イベリア	690百万ドル	1996年1月

助を受けていることにある。最近は改善がみられるものの，この事実はなお航空輸送賢人委員会（Comité des Sages for Air Transport 1994）も認めるところである。

　より効率的な運航への改変の際に，その影響をまともに受ける人たち，特に労働者に対しては最小の犠牲でその改変を実現すべきであるという問題についてしばしば社会的な懸念が生まれる。より自由化された市場およびより生産的な航空会社を導入することから発生する大きな経済便益は，効率的でない航空会社を保護する補助が最終的には大きな費用を課するものであることを示唆している。構造改革のための国庫補助は社会的な根拠をもつが，この国庫補助はまたそのようなシステムに直接的な非効率性をもたらし，これが潜在的な便益を制限することになる。国庫補助はまた，より良い管理能力を持ち，より迅速に事態に対応する事業者に，かえって不利な分配上の結果をもたらす。

　実際，航空への直接的な国庫補助は比較的少数の，通常，国有のフラッグ・キャリアに集中してきた。欧州では，いくつかの政府はEUから赤字経営の航空会社への国庫補助の許可を得て補助を実施してきた。1991～94年の間に国営航空会社への国庫補助として103億5,000万ドルが認められた（表3-6）。国庫補助が認められる際には，補助の支出の使途（たとえば，容量の拡張よりもむしろ構造改革のため）およびそれに伴って要求される行動（たとえば，ある資産の売却）に関しての条件が付された。しかしながら，EUの補助認可を得た航空会社は，最近では国庫補助を受けていないBritish Airways, British Midland, KLM や SAS と対照的である。もし国庫補助を受けていない後者の航空会社が補助を受けている航空会社の市場で事業を展開したいと思うならば，結局は補助を受けた既存の航空会社と競争しなければならないだろう。

すべての財政援助は必ずしも直接的な政府の財源によるものではない。たとえば，多くのフラッグ・キャリアが空港で独占的なハンドリングの権利を持つことによって内部補助の便益を享受する。法的措置により，実質的に民間部門の補助と考えるものを推し進めることもできる。たとえば，アメリカでは，赤字航空会社は破産法第11章の下で利子および年金基金を支払わないで営業を行うことができる。同様の規定は航空会社の免許に関する EU 理事会規則 (European Union's Council Regulation in the Licensing of Air Carriers) の第12条の下で規定されている。

しかしながら，これらの間接的な補助および他の明示的でない補助の大きさおよびその意味を完全に把握することは難しい。何らかの比較評価が行われるには，ある形態の換算係数――たとえば，農業補助に関して OECD が展開した考え方に沿って――を考案することが重要である。今日，異なるタイプの補助の相対的な大きさについて比較してみると，国際航空市場の理解および潜在的な参入者が直面する競争条件の不均一性の程度についての理解には大きな差があるということがわかる。

第4章　競争の機能

1．市場における競争

　市場の参入・撤退において大きな制約がない場合でさえ，国際航空の競争は標準的な教科書で説明される雛型に一致しない。二国間協定で設定される競争条件のような制度的な制約のほかに，国際航空サービスの市場はいくつかの別個の，しかし相互に関連した特質を持ち，そのうちの二つは競争政策に関連する。第一に，特定条件の下では，航空市場はサービスの供給および運賃に関して不安定となる特質を持つ。第二に，市場が自由化されるにつれて，ネットワーク・レベルでは市場集中に向かい，そして直行サービスについては寡占化に向かう傾向がある。このような状況により，航空会社は潜在的な市場の不安定を回避しようとしているといえよう。しかしながら，市場の集中はまたきわめて高い運賃水準の維持を通してレント・シーキングにつながる潜在性をもっている。

有効競争

　実際，航空市場内の競争は不可避的に教科書で示される理想から乖離せざるをえない。有効競争は必ずしも完全に競争的ではなく，またコンテスタブルでもない市場から最大の経済的便益を吸い上げるという実際的な問題が中心となる。それはある程度の不完全性は避けがたいということを認識しつつ，競争力が最大限機能しうる条件を確立しようとするものである。有効競争の効率性の

テストは有効競争が規制された市場よりもどれだけよい結果をもたらすかにかかっている。

今日までの実証結果によれば，航空市場の自由化が実現しても，それは完全競争とかコンテスタブル市場の古典的な条件を満たすものではない。しかし，収集された資料に基づく限り，自由化の結果競争力は増し，同時に経済的効率性が向上したことは明らかである。アメリカの国内市場（Keeler 1990）およびいくつかの欧州内の国際市場における状況は有効競争の概念ときわめて一致する。

市場の集中および以下で議論される潜在的な市場の不安定性以外にも，多くの理由により国際航空市場は完全ではない。航空サービスの需要には大きな空間的，時間的差異があり，容易に予測されるものではない。完全な情報に欠けるということは完全競争の特質の一つである完全な知識の条件を犯す——が競争的な供給者として自由に行動できるということは規制を受けているときよりも一層柔軟な対応を可能にする。同様に，完全競争は供給サイドにおいて完全に弾力的なインプットの供給を仮定するが，実際には，フリートの規模を変更したり，インフラストラクチャーを修正したり，労働力を調整するには時間が必要である。完全競争はまた，同質の製品を仮定するが，国際航空は広範囲にわたる異質の財・サービスを供給している。

競争の向上は効率性と消費者便益を高めるが，他の産業についても言えることだが，国際航空は完全競争の理想的な条件に一致しない。同様に，伝統的な経済分析はすべての市場条件に適用しうるが，個々の市場は多くの異なった特徴を示す（OECD 1992c）。これらの特徴の違いは市場の機能の仕方に影響する。それゆえ，政策が実現すべき内容は「有効競争」に誘導する市場へのバランスのとれた国家介入である。すなわちさまざまなレベルの企業集中が存在するという意味では完全競争の概念と矛盾するが，問題の水準以上に政府が市場介入を強化すると市場の歪みが逆に悪化するという状況である。国際航空はこの意味で他の産業と決して異なるものではない。

市場集中

　巨額の資本を必要とする多くの市場と同様に，規制がさほど強くない国際航空市場においては独占あるいは寡占による利潤追求が行われるとの懸念がしばしば述べられている。この種の懸念は航空会社が市場の不安定性の問題を回避したり，あるいは範囲の経済や密度の経済を求めようとして高度の市場集中を行っている状況としばしば関係しているようである。収入面についていえば，航空会社が享受する収入はある閾値をこえれば，供給される便数の追加以上に収入が増加する――いわゆるＳ字効果がみられる。しかしながら，市場の集中は航空会社に独占利潤の追求に導き，そしてＸ-非効率の存在につなげる可能性がある。それゆえ，そのような集中がどの程度競争市場の機能を妨げ，非効率をもたらしそして，異常に高い運賃を引き起こすことになるかが政策上の問題となる。現実の集中の程度が重要な検討課題であるとしても，この種の問題はしばしば他の効果と相互に関連している。そのような意味で最近の規制改革を評価する際の問題の一つは，これまで規制が非常に長期間にわたって行われてきたので，自由化が実施された場合にも，その調整効果を充分に見わけるには時間が必要であるということである。制度の変更は市場内の競争の質のみならず参入・撤退にも影響を及ぼし，それが個々の効果を識別することを難しくしている。このような問題があるが，基本的な市場の形態について，若干の一般的な特質を指摘することができる。

　生産の効率性に関しては，航空ルートにおける現実ないしは潜在的な競争の存在が重要であるとの多くの指摘がなされてきた。コンテスタビリティーの概念は，新規参入と自由な撤退が有する既存の事業者による利潤追求の抑制効果に特に注意を払っている。しかしながら実体としては，比較的自由な参入の制度は既存の事業者の行動に影響を及ぼしうるが，市場における現実の競争を保証するものではない。アメリカの実証結果によれば，航空規制緩和法の成立以後，２社の航空会社が活発な競争を行っているルートの運賃は，形式的に参入が自由な独占ルートの運賃よりも少なくとも８％低いことが明らかになってお

り，また第三の競争者が現れるならば，運賃はさらに8％低くなることが指摘されている。さらに市場において現実に競争がある場合には単に競争の脅威がある場合に比べてどのルートにおいても提供される運賃に一層のバラツキがあるようである（Borenstein and Rose 1994）。オーストラリアの国際航空ルートの研究（Savage et al. 1994）によれば，3ないし4社が競合しているルートでは割引運賃が独占ルートよりも7～8％低く，さらに5社以上が競争する市場では，運賃が独占ルートよりも17％低いことが確認された。同様の状況は英国についても見られる（Civil Aviation Authority 1993b）。これらの結果は輸送量の違いのような要素によって説明されうるものではない。なぜなら1航空会社当りの輸送量は，より多くの競争者をもつルートでは平均してより少ないからである（Borenstein 1992）。

また現実の市場競争の重要性を示すものとして，自由化された欧州の二国間協定の経験がある。英国とアイルランドの二国間協定が自由化して2年後，3社——British Midland, Ryanair, および Capital——が競合していたロンドンとダブリン間のエコノミー運賃は，（複占が存在したマドリッドは別として）ダブリンと EU の他の首都との間の高い運賃に比較してほぼ2分の1であった。オーストラリアでは，Australian と Ansett により長期間存続した複占を崩すために Compass Airlines が創設されたが，その結果，上位20のオーストラリアの州際市場の航空運賃は急速に30％以上低下した（Street et al 1993）。これらのケースにおいて，市場の結果に影響を与えたのは参入・撤退条件の変化だけではなく，現実に具体化した競争の質的変化であった。

これらのタイプの経験は航空固有のものではない。価格設定およびサービスの質を自由化する規制改革はアメリカ，フランスのトラック事業，英国の都市間バス事業，英国，日本，アメリカの長距離通信サービスという多様な部門においてより低い価格をもたらすことになった（OECD 1992c）。それゆえ，コンテスタビリティーのメカニズムが完全に機能しないとしても，適当な安全性と環境規制に配慮して，競争を育むことが社会的に有益な結果をもたらす有力な論拠があるのである。

競争の安定性の問題

　最近，航空部門における競争の安定性についての懸念が表明されている。たとえば，この事実が，1997年のEUの航空パッケージⅢの導入後においてさえEU市場への介入を求める一つの理由——規則2408／92と規則2409／92——となっている。特定の費用条件の下では，自然均衡はなく，市場は激しく変動する傾向があるということは長く認識されてきた——「空のコア（empty core）」あるいは「激烈な競争（excessive competition）」の存在（Button 1995; T. K. Smith 1995）。顧客についてみれば，競争の不安定性の代償は将来の価格および供給の継続性がともに不確定になることである。航空産業で働く人たちにとっては，それは雇用の確保の問題となる。またインフラストラクチャーおよびハードウェアの供給者にとっては，彼らの生産活動の長期計画の問題が関係する。不安定性のレベルが高ければ，それはまた一般の産業の資本コストを高めるかもしれない。極端なケースでは，理論的にはこれらの競争の不安定性は供給の全面的な撤退を引き起こすこともあろう。

　理論的にいって，国際航空市場に競争の不安定性が存在する可能性はある（Telser 1994）。生産コストについてみれば問題となるハードウェアの団塊的な性質により供給には明白な非連続性が存在し，——ゲートで待機する航空機は必然的に容量が固定されている——限界費用は急激な低下を示す。供給されるサービスは即時財（perishable）——すなわち機内の座席サービスは貯蔵することができない——であるのでいかなる運賃ででも限界的な座席を満たしたい気にさせる。需要サイドについてみれば，時間によってさまざまな変動があり，これらの需要はしばしば事前に公表されるサービスの時刻表や航空産業に投入された資産の物理的寿命と一致しない。さらに，競争の不安定性は高い価格弾力性，特に非商用旅行の高い価格弾力性によって引き起こされる可能性がある。

　市場の不安定性についての実証結果はどちらかといえば断片的な傾向を示す。参入・撤退に関する制約が取り除かれる場合には，市場の機能はある程度の洞

察力を与えてくれる。1978年直後のアメリカ国内の変化の状況によれば，広範な市場参入がまず起こるが，その際合理化が発生し（たとえば，1978～87年の間に，210の新規航空会社が認可されたが，168がこの市場を去った）。国際航空の分野においては，英国とアイルランドの主要ルートで同様の経験が見られた。他方，EUのパッケージⅢの実施の2年目に，われわれは欧州において57の新規航空会社の存在を確認したが，その内37社がサービスの供給を中止した。しかしながら，このことが真の市場の不安定性を表わすのか，それとも一つのリストラクチャリングのプロセスをなすのかどうかはまだ明確になっていない。

　ところで航空産業が競争の不安定性をどのように処理するかはさらに重要な問題である。たとえば，自由化がアメリカ国内市場で最初に始まったとき，航空会社は価格の設定やネットワークの構造を企画する実務経験を全くもっていなかった。航空会社はすぐに限界費用価格形成の利点を理解するようになり（Borenstein 1992），その後の運賃戦争の展開は限界費用の価格決定によるものであった。ところで，逓減的な限界費用をもつ産業は航空輸送業以外にも存在する。鉄鋼および自動車製造業は逓減的な限界費用をもつ製造工業であり，法律事務所および監査会社はサービス業における例である。これらの産業は逓減的な限界費用に基礎をおく経済関係を受け入れることを学んだ。ではこれらの企業と航空輸送事業の違いは何か。その違いは前者の産業は繰り返しゲームの状況におかれ，単一期間のゲームの状況にはないということを理解している点である。単一期間ゲームでは，企業はその戦略が競争相手に与える影響を無視して，短期の最大の利益を与える戦略を採用するだろう。それに対して，繰り返しゲームでは，暗黙の協調を行う機会がより多く存在する。もし問題の企業が競争相手に不利な結果を与える決定を行うならば，つぎの期間に報復を受けることになるだろうと考える。彼らがその後に報復を受けることを認識するかぎり，そしてゲームが無限に続くことを前提にするかぎり，その際「合理的な（rational）」価格決定を行うことになる。

　繰り返しゲームの概念を航空市場に適用すれば，どのような状況が考えられるだろうか。まず最初に自由化されると，航空会社は短期的に自己の利益を最

大にするように行動するだろう。不運にも，これは不安定な市場条件を導くことになろう。しかしながら，時間の経過とともに，航空会社は繰り返しゲームを行っていることを理解するようになる，すなわち彼らは将来，競争相手の航空会社から報復を受けることを知るようになる。このような理解が航空業界に浸透するにつれ，より一層合理的な価格決定行動が現れることになろう。共通のFFPやコード・シェアリングのような手段の展開もまた，その直接的な動機がいかなるものであれ，市場の不安定要因をいくぶん取り除くように作用することになる。

2. 航空会社の競争戦略

競争市場に参加する者はいかなる者であれ当然のことながら競争相手に対して競争上の優位さを手に入れたいと考える。その目的を果たすためにはさまざまな方法がある——たとえば，広告によって自己のサービスを他の供給者のサービスと差別化したり，顧客のロイヤルティーを開発したり，あるいはより低い料金でサービスを供給するというような方法が採用される。ある場合には，その優位性確保の目的は競争相手の料金を引き上げさせることによって実現することもあろう。——一般的にいって低コスト企業よりも高コスト企業と競争するほうが有利である（Salop and Scheffman 1983）。以上のような結果として手に入れた市場力をうまく行使すればより多くの利潤獲得につながることになる。

航空会社はある程度の独占力を実現するためにかなり巧みな戦略を展開してきた（OECD 1988）。高度に規制された制度においては，独占力は主に制度的な仕組みから導かれる（たとえば，二国間協定の下での航空会社に与えられる権利）。国内および国際市場がともにより自由になるにつれて，強調点が制度的なものから市場に関係する対策に移行した。航空会社は空港へのアクセスやスロット配分規制，あるいは情報チャネルの規制（たとえば，CRS），さらには合併およびその他の提携によって独占力を維持・発展させることができる。

また航空会社は競争相手のコストを押し上げる戦略によって競争相手の競争能力に影響を及ぼすこともできる。地上ハンドリングへのアクセスの規制，CRSの規制およびFFPはそのような例である。

多くの場合に，航空会社が既存の他の航空会社から受ける競争圧力を封じ込めようとする努力と，自己の市場への参入を制限しようする行動が明らかに重なり合う。たとえば，FFPは市場内の競争条件に影響を及ぼすものであると同時に，新規参入者が直面する障害でもある。ここでは，焦点は既存の業者間の競争の問題におかれているが，第3章で議論されたように既存の事業者が新規参入に対して与える反競争的な障壁との重要な関連性を忘れてはならない。

略奪的行動

多くの研究が（たとえば，OECD 1988; Klingman 1992），航空輸送産業における略奪的行動の潜在性を明らかにしている。略奪的行動は反競争的行為の一例である。略奪企業は短期的には損失を被るが，長期的には略奪的行動によって競争者の撤退を誘発し，その結果，長期市場における地位の改善を通して短期的な利潤の損失を埋め合わせることができることを期待する（Dodgson et al. 1991）。

航空における略奪的行動は多くの形態を取る。その一つは価格の引下げであり，その際，略奪企業はまずは短期限界費用を下回る価格を設定することにより競争相手を市場から締め出し，そしてその後で長期的にそれまでかかったコストを回収することができることを期待する。場合によっては，航空会社は短期的な利潤の極大化に対応するアウトプットあるいはサービス・レベルを超えて生産を拡大することもある。航空会社はまた利潤の極大化の視点からは有利でないが自分の運航スケジュールを組み替えて競争相手の発着時刻に合わせるということもある。

多くの理由により，略奪を法的に見抜くことは難しい。第一の問題点は，略奪的行動と通常の競争価格の引下げあるいはサービスの質の改善を区別することの困難さである。略奪的行動を確認するには特定の状況において本来競争的

な対応とはどのようなものかを知る必要があろう。ある状況の下で航空会社の特定の行為が略奪的と見なされても，別の状況ではそれは健全なネットワーク経済といえるかもしれない。（曖昧に定義された）略奪から身を守ることを口実に競争を阻止する行為は回避しなければならないので，OECD の競争法と競争政策に関する委員会（the Committee on Competition Law and Policy of the OECD）(OECD 1989a）は，略奪行動の申し立ては一般的には，ほとんどの場合，その主張の適格性を検討するよう勧告している。

略奪的行動を探知する際の第二の問題点は，一般的にいって競争担当官庁は競争的な反応の範囲を超えて行動する可能性のある強力な競争相手から一般企業を保護しなければならないと潜在的に意識していることである。それゆえ，もし略奪が何らかの形で禁止される場合には通常，問題の企業は探知されにくく，したがって処罰を回避しうるケースに限って略奪的行動を行うことになろう。

おそらく以上のような理由により，航空会社について完全に文書で証明された略奪的行動の事例はほとんどない（Dodgson et al. 1991）。しかし以下のケースはアメリカにおける一つの重要な判例である。それは American Airlines とこの航空会社が設定したバリュー・プライシング運賃（value pricing fares）にかかわるものであり，結局，この航空会社は略奪的行動を働いていないと判断された。Laker Airways の場合は，アメリカ司法省が司法手続きを開始したが，のちにいくつかのアメリカの航空会社と外国の航空会社が結託して Laker を航空ビジネスから追い出そうとしたとの見解を述べて，法的手続きを中止した。Laker は民事の反トラスト訴訟を起こしたが，この件はすでに解決済みである。オーストラリアでは，Compass Airlines が略奪的行動の犠牲者であると主張して，オーストラリア貿易活動委員会（the Australian Trade Practices Commission）に提訴したが，委員会は正式な調査を行った結果，Compass Airlines の主張を受け入れなかった。

欧州にも，多分に略奪的な性質をもつ行為に関する多くの調査報告がある（Dodgson et al. 1991）。たとえば，1992年にチャーター航空会社である BritanniaはBritish Airwaysの略奪的な価格設定に関して，British Airwaysを告訴したが，却下されている。告訴の理由は平日の国内シャトルサービスに用いられた航空機が週末には国際ルートで利用されているというものであった。CAAはBritish Airwaysがロンドンとエジンバラ間のサービスを増便することによりBritish Airwaysとその競争相手であるLoganairもともに利益を得られなくなるであろうと判断した。その判断により，British Airwaysは供給便数を減らした。欧州委員会の調査の中には偶然，明るみに出る調査もあるが，一般的には，欧州では，申し立ての対象となる略奪的行動の正式な事例はほとんどない。これは部分的には以前の厳しい産業規制によるものと考えられる。

　以上のような経験は略奪的行動を調査することの困難さ，とりわけ略奪的な対応と純粋に競争的な対応を区別することの困難さを示している。略奪的行動を調査するためには顧客，既存の企業と参入企業の収入，費用および費用構造についての詳細なデータを必要とする。さらに，調査を行うにあたり，問題の市場においてはどのような代替的な結果が可能であったかという問題を考慮する必要がある。特に，参入に際しては有利な参入機会があったか，そして既存の事業者による行動は参入者にとって本来有利な参入機会を不利なものに変えてしまったかが問われねばならない。この種の問題に関連する重要な問題は既存の事業者が自らの行動によって競争の状況の中で獲得しえたであろう利潤をある程度放棄したかどうかという問題である。もう一つの問題は，参入者の損失が自己の行動に起因するものであったかどうか（あるいは，非対称的な情報の下では，参入者が完全な情報をもって行動することは期待されえないので，主として自己の判断に基づき行動する）という問題である。

　航空輸送産業の実証サーベイによれば，情報を受けた航空輸送産業の専門家がこの産業には略奪的行動があったと判断した多くの事例がみられる(Dodgson et al. 1991)。この中には特に，略奪的行動はおそらくは発生したとみられるが，しかし，完全に公開された調査や判断によって吟味されていない事例も含まれている。また他の事例，たとえばBritish airwaysとLoganairの係争のようなケースでは，略奪的行動の存在そのものについての判断が不正確

であった。実際，航空輸送産業で略奪的行動が行われたと判断する完全な調査事例は存在しないように思われる。

しかしこのように略奪的行動に関する事例研究が多数存在しないからといって，略奪的行動と称される行為を無視すべきではない。とりわけ，多額の国庫補助を受ける一国を代表する航空会社が，新たに規制緩和された欧州市場で出現した低コストの航空会社の事業に対してどのような反応を示すかということについて，われわれは関心を抱いている。

最後に，訴訟が行われる場合，調査は適度に迅速に行われる必要があるということに留意すべきである。さもなければ，略奪がうまく行われた後で，調査が完了するということになろう。事を複雑にする問題は，もしこれらの調査が実際に個々の犠牲者を保護しないならば（特に，これらの犠牲者が市場から撤退してのち，略奪的行動が証明されても，犠牲者が全く補償を手にしないならば），これらの犠牲者は苦情を申し立てるインセンティブはほとんど持たないであろう。もちろん，規制担当機関および裁判所は，自分の事業の失敗から生じた損失を略奪的行動の結果にすりかえる参入者については特に注意を要する。さらに，新規参入者は，既存の企業が何ら競争的な反応を示さないで自己の参入を黙認してくれることを期待することはできない。

コード・シェアリング

最近，国際航空会社を巻き込む戦略的な提携（strategic alliance）の数が急激に増えている（Gallacher 1994; Humphreys 1994b）。今日まで，世界全体としてみると約136の航空会社が280を超える提携関係を形成した。コード・シェアリングはその展開のなかでますます重要な要素となっている。たとえば，1994年5月までに，アメリカの航空会社と外国の航空会社との間に56のコード・シェアリングの提携が結ばれ，そのうち44はなおも有効である。さらに，89の別個の協定があり，そのうち76が有効であり，そしてそれらの多くはいくつかの都市間サービスを対象とするものである。

コード・シェアリングは，一つの航空会社が自己の指定コードを別の航空会

社の航空機に付して運航することを意味する。この結果，特定の接続便を提供する2社あるいはそれ以上の航空会社に対して単一の，共通あるいは一元化した航空会社指定コードが与えられることになる。しかし，実際には問題の接続区間あるいは接続する個々の区間はこれらの航空会社のなかの一社に所属する航空機が運航するにすぎない。コード・シェアリングは航空会社によるマーケティング手段として助長され，そして航空会社の運航スケジュールと運航を相互に統合化するのに用いられている。コード・シェアリングは一つの航空会社の接続便を別の航空会社の便として一般利用者に供給することができる。

コード・シェアリングはもともと1978年の航空規制緩和法以前に存在したいくつかの規制を回避するためにアメリカの国内航空市場で考案された。コード・シェアリングが行おうとすることは顧客にオンライン・サービスの印象を与えること，あるいは少なくともオンライン・サービスがもつ多くの特長を提供することである。それらの特長にはフライト・スケジュールの調整，通しチケットの発行，1回のチェックイン，通しの荷物ハンドリング，近くて便利なゲートの利用，そしてFFPが含まれる。コード・シェアリングは二社間の業務協定（interlining）よりもより高い質のサービスを供給する。また，コード・シェアリングでは，ブロック化したスペース協定が存在する場合には，コード・シェアリングに参加するいずれのパートナーもそれぞれに充分な利潤を得られない市場においても航空サービスの供給が維持されることになろう。特に比較的小規模な航空会社にとって，コード・シェアリングはその航空会社のサービスの存続に関して重要な戦略になっている。

航空会社の観点から，もしコード・シェアリングがチェックイン施設や職員といった航空関連の資源のより効率的な利用を可能にするならば，マーケティング上の有利さとともにコスト面でも有利となる。さらに，コード・シェアリングは航空会社が物理的に運航ネットワークを拡張することなく，「ネットワークの価値」から追加的な便益を回収することを可能にするメカニズムを提供する。たとえば，British AirwaysとUS Airの協定は計算上では，1万7,000の都市間のネットワーク・サービスを提供することができ，またUnited,

Lufthansa, SAS の協定は5万5,212の都市間ネットワーク，そして KLM と Northwest の協定は3万6,450の都市間ネットワークに航空サービスを供給することができる。またいくつかの特殊なケース，たとえば KLM と Northwest の提携あるいは United と Lufthansa の提携のようなケースでは，問題のコード・シェアリングはアメリカ国内での反トラスト法の適用免除条項が適用され，共同運賃を設定することができ，これにより直接交渉を通して公的な割当運賃を設ける手続きを回避しうる。

　国際航空のレベルでは，制限されたカボタージュ権，二国間協定における国籍条項，および外国資本による所有に関する制約にもかかわらず，航空会社はコード・シェアリングを通して潜在的なフィーダー輸送にアクセスすることができる。たとえば，北大西洋における KLM と Northwest のコード・シェアリング協定は KLM に対してアメリカ国内諸都市へのオンライン・サービスを供給する機会を与え，他方，Northwest は EU 市場，中東およびそれ以遠の国々へのアクセスを改善することができた。たとえば，今日，Northwest は実際は4都市に自社機を運航するにすぎないが，コード・シェアリングを通して欧州および中東の30を超える都市にサービスを供給することができるのである。コード・シェアリングの及ぼす全体的な影響を見るならば，これにより大西洋横断輸送の両社のシェアは1991年から1994年の3年間に7％から11.5％に上昇した。商業的観点から，コード・シェアリングはまた合併のような他の方法よりも魅力的である。というのも航空会社の供給活動をプラスのマーケティング上のシナジー効果がある部門に限定できる。

　最近，コード・シェアリングが有する他の航空会社の競争能力への影響についての懸念が示されている。さらにまた適当な情報の開示がない場合，旅行者はコード・シェアリングによって現実に自分を輸送する航空会社と名目上の航空会社の区別がつかなくなるという議論も聞かれる（Shenton 1994）。今日の行動基準はしばしば CRS がどの運航区間でコード・シェアリングを使用しているか明示するよう求めている。たとえば，EU のシステムは各フライトの選択を2度示すことができないことを規定するが，アメリカの CRS 規則はこの

問題については何も触れていない。さらに，それらの規約についても，完全な強制力を持たずまた表示スクリーン上の混乱がなお未解決であるという問題がある。

もう一つ懸念される事柄は旅客責任の問題である。ワルシャワ協定（Warsaw Convention）の下では，コード・シェアリングを利用する航空便は継続的な航空便と見なされ，かくして（現実に輸送を引き受ける航空会社はグアダラハラ協定（Guadalajara Convention）の下で旅客責任をもつであろうが）旅客に対する責任は旅客が輸送契約を行う航空会社にある。実際運航を行う航空会社が旅客責任に関してコード・シェアリング提携する航空会社と異なった契約条項をもつ場合には，新たな問題が発生する可能性がある。たとえば，日本の航空会社が補償に関する制限を撤廃したが，アメリカと欧州の航空会社では通常，約7万5,000ドルの制限がある。それゆえ，どのようなコード・シェアリング協定が結ばれようと，その協定の下では法的にはだれが問題の航空便を運航しているのかということが重要な意味を持つ。さらに問題の協定がコード・シェアリング協定の一部としてブロック・スペース協定のような方式を利用するような場合には，旅客責任の問題は一層複雑なものになる。

コード・シェアリングの提携は実証的な分析を行うに際して，いくつかの問題を提示する。コード・シェアリングについて多様な問題が研究されており，今日いくつかのものは完成しており，また完成に近づいているものもある（たとえば，EUによる研究）。しかし，これまでのところコード・シェアリングの提携の重要性についての研究成果は数えるほどしかない。そしてほとんどのものが北大西洋ルートを研究の対象としている。

その研究から明らかになりつつあることは，これまでいくつかのコード・シェアリング協定はそれにかかわる航空会社の営業パフォーマンスに影響を及ぼしたが，他のコード・シェアリング協定ではさほど大きな影響を与えていないということである（Dresner et al. 1994）。コード・シェアリングの影響はまたコード・シェアリング協定に伴う運航形態の変更に依存する。たとえば，SwissairとSASが採用した双方指定システム（the dual designation system）

は大幅に運航計画を変更し，それにより利用者には有益な結果をもたらした (Youssef and Hansen 1994)。提携の成果はまた提携がどのような構造を持つか，そして特にそれが充分に市場の需要を満たすかどうかにかかっている (Coltman 1995)。

　コード・シェアリングの成果はまたリンクしているネットワークおよびコード・シェアリングに関係する航空会社がもともと所有する市場力によっても異なる。北大西洋ルートの USAir と British Airways および KLM と Northwest 間に結ばれた二つのコード・シェアリング協定についての研究からコード・シェアリングは問題の協定に参加している航空会社，問題の協定に参加していない航空会社および航空会社の利用者の三者に対しそれぞれに異なった影響を与えることが明らかになった（Gellman Research Associates 1994)。この研究はコード・シェアリングによって発生する利潤（純生産者余剰）と旅客に対する消費者余剰を求めた。コード・シェアリングがもたらす影響はその協定の内容の違いにより左右されると考えられる。たとえば，もし問題のコード・シェアリングが一方向のものであるならば，（たとえば，問題の研究が行われた当時，British Airways は USAir の航空便に自社のコードを付けていたが，その逆の対応はなかったので，それゆえ British Airways が生産者余剰を手に入れていた）航空会社間の輸送量の分配に影響を及ぼすと考えられ，そしてそれらはまた消費者に対して与える便益をも左右することになる。British Airways と USAir の間のコード・シェアリングは利用者と双方の航空会社に年間1,560万ドルの便益を生み出し，KLM と Northwest の提携は2,950万ドルの利益を生み出したと推定されている。不運にも，この研究は，コード・シェアリングが生み出す新しい輸送量を考慮せず，そして非常に限られたデータに依存するものであった。付言すれば，コード・シェアリングはまだ揺籃期にあり，将来一層発展するにつれて，既存の結果を修正することになろう。コード・シェアリングは FFP のようなその他の商業行為とも密接に関連しており，このことがコード・シェアリング独自の効果を計測することを難しくするのである。ますます一般化しつつある株式の持ち合いという行為（たとえば，KLM は Northwestの親会社の株式をかなり保有している）もまた効果の計測を一層複雑にしている。

アメリカの航空会社にかかわるより広範な研究（United States General accounting Office 1995）は，コード・シェアリングが旅客数と運賃収入の二点に関して提携会社に大きな利益を与えるという調査結果を示している。UnitedとAnsett Australian Pacificのコード・シェアリング協定を含む多くの例では，コード・シェアリングを利用する旅客数は航空会社の予想を上回るものであった。上記の例では，1994年のUnitedの営業利益5億2,100万ドルのうちの1,400万ドルは提携によるものであった。コード・シェアリング協定がよりグローバルになり，そして運航（FFPを含めて）がより統合化されるにつれてコード・シェアリングの利益が拡大することが明らかになっている。しかしながら，問題の研究は同時に，コード・シェアリングが運賃あるいは市場における競争の長期的レベルに与える影響を決定すると言い切れるほど未だ十分な実証結果は得られないということを明らかにしている。提携が良好に発展し，輸送量が増える場合にもそれが提携によるものと他の航空会社から流れてくる輸送量とを区別することは難しい。

アメリカ以外の地域におけるこの種の分析はより限定的である。欧州において，British Midlandでは，オフライン・ビジネスが今や収入の約11％を占め，その大部分はコード・シェアリングによるものと推定されている（Civil Aviation Authority 1995b）。

以上より，現在利用可能な実証研究から，コード・シェアリングの競争効果について一般化することはきわめて難しい。しかし最近のCAAの研究（1994）が指摘するように，アメリカと英国を結ぶルート上の包括的なVirgin-Deltaブロック協定は反競争的な性質を持つように思える。というのもDeltaが以前参加していなかったルートではVirginと競争して座席を販売しているといえようが，ブロック・スペース協定により，問題の航空会社が全体の市場の約20％を占めているからである。しかしながら，政府や国際機関が行う研究がますます多くなっているという事実はコード・シェアリングのもつ反競争的

な側面に対する関心の高さを窺わせるものである。これは一層の監視が要求される分野である。しかしながら，同様の問題が生じる他の産業の経験から，もしコード・シェアリングについて一層組織的な取り締まりが必要と思われるならば，その際，複数基準アプローチが必要となるであろう（OECD 1986）。

合　併

　厳密な規模の経済は国際航空市場ではあまり重要とは思われないが，合併は範囲と密度の効果によって費用の節約をもたらし，ネットワークの価値を介して収入フローを高めることができる。実際，規制の自由化後，合併活動は確かに目立っている。合併を肯定する理由は，規制の環境の下で作られる構造を市場需要に対応する新たな組織と取り替える必要性に求めることができよう。しかしながら，その結果として生じる市場の集中化は競争を歪める潜在性を有する。しかし実際には，以下に示すような多くの要素がこの懸念を緩和することになろう。

——市場の集中度が低い不定期航空会社，とりわけチャーター航空会社との競争の存在。利用者の需要が定期サービスの属性を必要としない非ビジネス市場においてこのことが顕著であろう。欧州における広範なチャーター市場はそのような集中化に対抗する相殺力を示す。もっとも，輸送量がより少ない長距離ルートにおいてはそのような相殺力の及ぶ範囲はずっと限定されたものとなるようである。

——異なるハブあるいはルートを利用している事業者が有する間接的な競争の存在。競争的なサービス・ネットワークが存在する今日のアメリカの国内市場の競争環境において，この事実は明らかに一つの重要な要素になっている。EUに見られるような短距離市場はハブ・アンド・スポーク型の運航にあまり適さないのでそのようなネットワーク競争の有効範囲はずっと小さいように思われる（Civil Aviation Authority 1993b）。もっとも，間接的な競争は北大西洋のような多くの長距離ルートにおいて

すでに存在する。

——高速鉄道のような競争的輸送手段の存在。パリ-リヨン・ルートおよび日本の高速鉄道サービス（Yamanouchi 1995）の経験は市場の条件が適切である場合には，代替的な輸送手段が航空と充分競争できることを示している。EU の欧州横断高速鉄道ネットワークが発展すれば，高速鉄道は国際レベルで一層競争力をもつことになる。しかし，高速鉄道が競争上優位に立つと思える距離を考えると高速鉄道はネットワークの競争よりも線的な競争により一層適していることを前提にするならば，EU 以外の地域の国際ルートにおいて鉄道が航空に対してどの程度競争力を持つかはさほど確かではない。

合併に対して制度的な反応もある。合併によって市場力を求めようとするのは，もちろん国際航空に固有の現象ではない。すべての OECD 諸国には合併が経済圏の拡大を損なわないようにしようとする制度的な取り決めが存在する。それゆえ，問題は航空会社の合併がもたらす潜在的な問題を処理することが可能であるかどうかというよりも，むしろこれらの潜在的な問題が国内レベルでいかに考慮されるかということが問題である。国内レベルでの合併政策は当然，国際航空市場の利益よりもむしろ国内市場の利益に焦点がおかれる。超国家的な協定がある場合でも，合併は制限される。たとえば，EU は大規模な合併を処理するメカニズムをもち，航空部門の中でそのメカニズムを用いてきたが，これらのメカニズムは EU 内の潜在的な反競争的な効果に関連するものに限られている。

3．インフラストラクチャーの問題

インフラ関係のコストは航空会社の費用全体のなかでかなり大きな部分を占める。このコストは航空部門の一般的に低い利潤水準の中で確定される必要がある。ICAO の推計によれば，空港とルート施設料金は航空会社の総営業費用

の約6％になる。差別的なアクセス料金は競争関係にある航空会社の競争的地位に影響する。航空会社に均一の競争市場を提供するためには，アクセス条件や料金が特定の航空会社に競争上優位になるように歪められてはならない。実際には，しばしばこのことが当てはまらないいくつかの分野がある。

空港利用料金とスロット

空港利用に対する料金と航空会社に与えられる物理的なアクセス条件という二つのインフラ・アクセス問題は航空会社の競争条件を左右する。特に，新規の航空会社も含めて，航空会社が既存の航空会社と公正な競争を行うためには利用者の利用したい時間に，利用したい空港から飛び立つ航空サービスを供給することができなければならない（Jones et al. 1993）。航空会社の不公正な取扱いと合わせて，容量制約の不適切な取扱いは国際航空を発展させようとする他の努力を挫折させることになる（Doganis 1992）。

空港容量を効率的に利用するにはコストに基づく適切な料金設定が必要である（International Civil Aviation Organisation 1967）。現在，着陸料金は主に航空機の大きさあるいは重量のような要素にしたがってさまざまである。ターミナル料金は典型的なケースでは1旅客当りの基準額により別個に徴収されている。航空機の大きさの違いに基づいて支払われる料金差は一般的には航空機の大きさに伴うコストの差を超えている。この料金差をもたらす主な理由は大型の航空機を利用する長距離便の需要の弾力性が一般に低いことに求められるようである。若干の例外はあるが，混雑コストは空港料金のなかに含まれていない。

注目すべき例外は英国の Gatwick 空港と Heathrow 空港で用いられているピーク料金モデルである（Civil aviation authority 1992）。ここでは，料金は時間帯別および季節別に異なり，そして航空機の大きさに関係なく固定している。たとえば，1991年の Heathrow 空港では，ピーク時の国際便のボーイング747は1人当り10.72ポンドの空港利用料金を支払い（ロード・ファクターを65％と仮定して），オフ・ピーク時には2.49ポンドの料金を支払った。他方，シ

ョート330型機のようなより小型航空機の空港利用の国際料金は1人当り20.17ポンドであり，オフ・ピーク料金は4.01ポンドであった（Civil Aviation Authority 1992）。しかしながら，この料金制度にもかかわらず，混雑コストが完全に回収されているわけではない。Heathrowでのスロット需要は供給を上回っている。アテネはまた1991年に差別的な着陸料金を導入し，6月から9月までの期間については11時から17時の間の着陸に対して，着陸料金を25％増額にするというものである。

　混雑に対処するために，100を超える世界の空港にはスケジュール委員会およびスケジュール会議があり，そのほとんどはIATAが設定した規則の下で運営されている。その規則は既得権（grandfather rights）と「不利用に伴う利用権の喪失」を基準とするものであり，定期サービスを優先する。しかしまた，方向づけされた自由裁量もある。容量はこれらの規則にしたがって6ヵ月単位で航空会社間に割り当てられる。スロットの配分された時間帯は航空会社の特定のニーズに一致しないかもしれないので，離陸時間と着陸時間がより適当に調和するようにスロット取引が行われる。これらは通常スケジュール会議の支援の下でバーター取引が行われるが，アメリカの四つの主要空港（Chicago O'hare; New York J. F. Kennedy; New York La Guardia; Washington National）の場合には，国内便のスロットについては金銭的に売買される。

　バーターの手続きでは，双方にとり有益な取引を利用することになる。しかし，その手続きは煩雑で，かなりの取引コストを伴う。場合によっては，金銭的な取引はより効率的で，柔軟なアプローチであるかもしれない。この際新たに対応すべきことは現在使用しないスロットを確保（banking）しておいてそれをその後，値上がりした独占価格でスロットを売却するような行為を排除し，航空会社には正常な空港サービスを継続して供給できるような金銭的な取引制度を展開することである。その際，スロットに対し取引可能な所有権をもともとどのような形で配分したかをめぐる問題が同時に考慮されねばならないだろう。

表4-1 欧州の空港利用およびハンドリングの料金（A320-100型機の定期便サービス） 1993年 ECU

	1利用回数当りの空港関連料金	人件費の差を考慮して調整した1利用回数当りのハンドリング料金	1利用回数当りの空港関連料金＋ハンドリング料金
アムステルダム	1,953	1,372	3,325
アテネ	2,003	2,815	3,629
ビルバオ	847	1,883	2,463
ブリュッセル	1,612	1,611	3,210
デュッセルドルフ	1,671	1,582	3,389
ファロ	1,391	4,468	3,124
フランクフルト	2,052	2,656	4,936
ロンドン・ガトウィック	1,145	1,030	2,160
マドリッド	986	2,053	2,748
マンチェスター	1,952	943	2,881

出典：Doganis および Lobbenberg (1994)。

ハンドリング料金と規制

　空港利用料金とハンドリング・コストは飛行時間が1～2時間という典型的な欧州内の航空輸送に関して航空会社の全体のコストのなかで重要なコスト要因である——たとえば、典型的なものでは総営業費用の10～20％になる。それらの費用はまた空港間でかなり差があり、再び欧州の例をあげるならば、欧州航空会社協会（Association of European Airlines）によれば、地上ハンドリングのコストは地上ハンドリング市場に競争がない空港では30％ほど高い。アメリカ会計検査院が調査した13の欧州ならびに太平洋リムの空港についてみれば、九つの空港が航空会社に地上ハンドリング・サービスをさせなかったり、あるいは地上ハンドリング・サービスの供給にあたり特定の業者を指定したりして地上ハンドリング・サービスの選択を制約した。

　表4-1のデータから、アテネ、ビルバオ、デュッセルドルフ、ファロ、フランクフルトそしてマドリッドの空港の地上ハンドリングは独占業者により取扱われていたことがわかる。表4-1はエアバスA320-100型機を運航する際の空港関連料金と（異なる国内労働コストを考慮して調整された）ハンドリング・コストの詳細を示している。供給される空港サービスはある程度質的に異

なっているが，独占的な施設，特にナショナル・フラッグ・キャリアが独占権を保有する四つの事例において料金はより高くなるという一つのパターンがみられる。より一層マクロのレベルでみると，IATA のデータでは，主要な地域間でそれぞれ大幅な料金差が見られ，欧州における空港料金はアメリカの空港料金の約3倍である。

　この種の空港の料金差は明らかに参入・撤退に影響するが，それはまた国際航空市場内の競争の性質にも影響するであろう。たとえば，これらの料金差によって，第六の自由を利用して高い料金の空港を主要な営業拠点とする航空会社は，より低い空港料金の支配する市場ネットワークを主として利用する航空会社に対して競争上不利になる。これらの料金差はまた航空会社の支配の及ばない問題である。この際の問題は，料金が自動的に上昇すべきか，下降するかという問題であるよりは，むしろ空港施設が効率的に提供され，そして料金がコストに基づくように決定されることである。ランプにおける航空会社自身による一般的なハンドリングに反対する重要な安全性およびその他の要因があるとしても，施設の効率的な利用とコストに基づく料金は必要である。

4．直接介入の問題

　航空市場は社会のなかで最も規制を受ける市場の一つである。航空サービスの供給者間の競争条件は広範な社会的な規制政策（たとえば，安全性と環境に関して）だけではなく，広い範囲にわたる経済規制の適用を受ける。社会および経済という二つの形態の規制は「市場を求めての競争」だけでなく「市場内での競争」にも影響を及ぼす。ここでの焦点は主に社会政策と競争政策にかかわる問題におかれている，しかしこれらの問題は参入・撤退政策の問題と分けて考えることができない問題である。

航空サービス協定

　二国間の航空サービス協定についてはやや詳細に第3章で議論した。実のと

ころ，その主な影響が現われるのは1990年代においてである。しかし，ひとたび参入問題が決定すれば，二国間協定が実際の競争に対して意味をもつことになる。というのも航空サービス協定に盛られた現実の規制システムが，経済的にいえば，一つの調整ずみの競争政策と解釈されうるからである。しかしながら，二国間の航空サービス協定という構造枠組みの下での二国間主義はいくつかの注目すべき特徴を有する。

この二国間協定においては市場は，第三者の介入を最小にして問題の二国間交渉に関係する二国間に設けられた一組のルートとして定義される（Hewitt 1994）。その際，特恵的な貿易協定は一般にある種の発地国ルール（rule of origin）に基づくであろう。通常の商品取引では，問題の商品は相手国で作られる。しかしながら，航空輸送はサービスであり，国境を越えて移動するものは完成品ではなく，サービスを供給する能力（capacity）である。商品取引に適用される型の発地国ルールは航空輸送に適用するのは難しく，むしろ現行のシステムは所有権ルールに依存するものである。すなわち二国間協定では，相手国の航空会社が実質的にその国の国民によって所有されかつそれらの人たちにより有効に管理されているかぎり，相手国の航空会社は認可される。ほとんどの協定では，いずれのルートであれ指定を受けた航空会社の間で競争が起こるだろう。競争の強さ次第で運賃は低下し，協定された輸送力が完売される。問題のルートにサービスを供給する航空会社が多ければそれだけ——換言すれば，複数社指定のケースでは——運賃は低下することになる。

規制プロセスのパフォーマンスの予測はさまざまなモデルを通して行われる。あるモデルでは，規制プロセスによって問題の企業の特定の利益がどのように拡大するかをみようとする。そのようなモデルでは，第三者の参入に上限を設けるだけでなく，これらの国は自国の航空会社の輸送容量の増加を規制することに同意する。供給者に過大な保護が与えられている銀行業およびエネルギー産業のような他の産業部門についての研究によれば，企業は国家的な保護に甘んじて，X-効率の最大化の努力を怠っている（Button and Weyman-Jones 1992）という結果を示している。

指定された航空会社が国営のフラッグ・キャリアである場合，潜在的な費用上昇化の問題は一層深刻なものになる。航空会社の経営がおかれている規制環境から所有形態の影響を分離することはとりわけ困難であるが，一般的にいって私的所有は経済的パフォーマンスにプラスの影響をもたらす可能性があるという計量的な実証結果がますます多くなっている（Button and Weyman-Jones 1994）。単純な記述にとどまらない航空に関する特殊研究は少ないが，British Airways と Air Canada の実証研究から少なくとも51％が私的所有である航空会社が関係する競争は経済的パフォーマンスを顕著に向上させるということを知る（Eckel et al. 1994）。

利用の捕捉性が発生する程度はルートによって異なる。これはまさに旧来のタイプの二国間協定に見られる形態であり，いくつかのルートにおいては一社指定と収入プールが一般的であった。より自由な航空サービス協定，特に複数社指定の協定ではこの捕捉性の問題は緩和する。しかし低コストの第三の航空会社が競争することができないならば，なお効率性を制限することになりうるだろう。他国同士のルートへのアクセスが可能となった第三の航空会社は，もしそれが比較的低コストの航空会社であるならば，問題のルートで利潤を得ることができるということに留意することは重要である。いくつかの短距離の欧州ルートにおける British Midland の参入はこのことを説明するものである。

不完全競争から生じる割当レント（quota rent）の存在は規制改革を組織化するプロセスを複雑にしている。人口および経済が絶対的に規模の小さい国はより開放的な規制システムにより強い関心をもつ。このことは1995年にいくつかの欧州の小国がアメリカと自由な二国間協定に調印しようとした意思から推察されるところである（United States Department of Transportation 1995）。各国が自国の OD 輸送に対しては所有権をもつ二国間システムでは，もともとより大きな輸送量をもつ国の総売上げは結果的により小さくなる可能性がある。より大きな経済力をもつ国，すなわち問題の市場を本拠地とする航空会社の現行の営業規模に比較して市場規模そのものが大きいという国は，もしその航空会社が競争的にさほど強くないならば，より開放的なシステムを持ちたいとい

うインセンティブは相対的に小さいといえよう。

反トラスト法の免除

　伝統的に航空は規制されてきたが，この航空規制においてはしばしば他の産業に適用される通常の競争法の適用とは別個の対応が見られた（OECD 1992c）。たとえば，アメリカでは，運輸省によって認可される限り，航空会社による本来なら違法と見なされる行為に対して反トラスト法の適用免除が認められた。Northwest-KLM, United-Lufthansa, Delta-Swissair-Sabena-Austrian の戦略的な提携に対して与えられた適用免除は国際航空のレベルでの一例である。これにより，航空会社は法的報復を恐れずに共同サービス（joint service）を効果的に供給することができるのである。

　一般に，競争法が存在する国では，競争法は交通法の対象である航空には適用されなかった。この状況は国内航空政策および国際協定が自由化されるにつれて最近変化してきた。ますます一般的な競争政策が航空産業に適用されるようになっている。しかしながら，なお例外はある。

　たとえば，1987年に初めてローマ条約の第85条，第86条を航空に適用して以来，EUは条約の条項を侵害することになる運賃の協議行為に対しブロック単位あるいは個別単位の免除を与えてきた。しかしながら，それらの適用免除は条件付きであり，たとえば過去においては支配的な地位にある既存の航空会社はある一定期間新規参入会社とインターライン関係を維持することが求められた。EUの航空輸送自由化パッケージⅢはまた運賃調整および協調的なスロット配分手続きを認めている。

　日本では，民間航空法により航空会社の行為が運輸省の認可を得て行われ，そしてまた旅客運賃および運賃水準が不公正な取引行為により不利な影響を受けるものでなければ，独占禁止法は航空会社の行為に適用されるべきでないと規定している。

　しかしながら，現在確認される変化は，力点のシフトを反映するものである。航空政策はこれまで基本的により一般的な競争政策とは異なるものと考えられ

てきた。しかし今や，航空が一般の競争政策から特別に適用除外されるべき特徴を持つとか，あるいは競争政策の実際上の解釈においてバリエーションを与えるべき特徴をもつという事実は評価されるとしても，航空輸送を他の経済部門と同様に取り扱おうとする動きが重視されつつある。

　この新しい状況は二つの特殊なタイプの問題を提示する。第一に，国内の競争法は国によって異なる（OECD 1994）――たとえば，競争法についての治外法権的適用には差がある。これは海外で運航する航空会社にとり問題となりうる。第二に，航空だけが国内の競争政策から特に免除される場合，あるいは国内の競争政策の拡張的適用が航空市場の特殊な属性を包摂することになるという場合には，適用されるルールに矛盾が生ずることになる。場合によっては，どのような状況に，どのようなルールを適用できるかということに関して明確さを欠くことにもなる。

財政的介入

　多くの航空会社にとり，国際市場での競争力はしばしば政府の財政的な優遇措置によって支えられている。ある場合には，これは航空輸送産業に固有の措置であり（たとえば，国内の航空会社に対する直接補助），またある場合には破産法のように，広く国内の他の産業にも適用するものである。しかし政府による財政措置は国際競争の条件に影響を与える。第3章で議論されたように，これは単に市場参入を認め，市場からの撤退を制限する問題だけでなく，市場内の現実の競争条件にも影響する問題である。優遇的な財政措置（たとえば，貸付金保証および補助）により基本的に航空会社は競争相手に対してコスト優位になる。その結果，航空会社は優遇的な財政措置がない場合に手にする市場シェアよりもずっと大きな市場シェアを手に入れることができる。破産保護により，それがない場合には運航を停止しなければならない航空会社はこの保護制度により継続して運航することができる。問題の航空会社が本来，競争力があるが，差し当たり異常な短期的な財政的調整を伴うリストラクチャリングが必要であるという場合にしばしばこの種の財政措置が正当化される。

しかしながら，リストラクチャリングの問題，直接補助，破産法の下での保護に取って代わる各種のアプローチの持つ意味はさまざまである。

　直接補助は，航空産業に一定の資本を外生的に注入することである。補助がいかに用いられるべきかについては確立されたガイドラインもある（OECD 1992c）。透明性を要求するEUのような制度の下で行われる場合，直接補助は明らかに利点をもつ。1990年代の初期にEUの加盟国政府が自国の航空会社を支援するために100億ECUを交付する際，EUはまた明示的で，証明できるリストラクチャリングの措置を課す手続きを規定している。しかしながら，国庫補助を受けたフラッグ・キャリアが有利になるように競争が歪められる可能性のあるきわめて政治的な性質により，いろいろの困難な問題が発生しうるだろう。さらに，その手続きは，EU委員会が課す条件が満たされることを仮定するだけでなく，EUのような組織が航空会社が行うリストラクチャリングの必要性に関して，商業的な判断ができることを暗に仮定する。より広範な視点から，航空産業が過剰な容量を抱えているときに，個々の航空会社に国庫補助を与えるということはまた全体的な構造問題をさほど解決するものではない。

　破産法は国によってかなり異なる。これは単に技術的な細かい問題だけではなく，考え方の問題である。アメリカの破産法第11章は，リストラクチャリングの過程を経験しつつ，基本的に健全な企業が営業を継続できるように立案されている。裁判所は新たな財政制度を展開しようとしている。このシステムは原則的にはほとんどのOECD諸国で適用されているアプローチに類似しているが，その運用はやや異なっている。特に，最近の事例では，保護期間がより長くなっている。たとえばContinental（2回）とTWA（2回）に対して破産法第11章が適用されたが，この2例はこの状況を説明する事例である。保護を長期間与えるのは航空会社が制御できない要因によってリストラクチャリングの必要性に迫られる可能性があるとの考えがあるからである。それゆえ，破産法第11章は既存の航空会社の経営者に対し航空輸送ビジネスを継続してやっていくための新しい手段を模索する時間とインセンティブを効果的に与える。英国は対照的に，既存の事業者に対してアメリカほど寛大ではなく，他の事業者

への速やかな資源の移転を行う機構を備えている (Westbrook 1990)。なおアメリカおよび英国はそれぞれの立場により商業的に正当化されない追加的な資本を航空輸送産業に注入することなく，リストラクチャリングの実現を考えている。しかしながら，アメリカの制度においては，他の支払い能力のある事業者が破産した航空会社の資源を取得する余地は相対的に小さいといえる (Brandley and Rosenzweig 1992)。

　破産法第11章のアプローチは，破産した航空会社が人為的な低コスト構造を用いて事業の継続をはかることを可能にするということがしばしば主張される。このことは，結局，他の状況の下ではコストを回収することができると思われる他の事業者のパフォーマンスに悪影響を及ぼす可能性がある。いく人かの分析ではこの事実は市場の不安定をもたらす傾向があると指摘する (Telser 1994)。破産法第11章のアプローチに代わる破産法が航空市場のパフォーマンスにどのような影響を与えるかについての実証研究は少なく，しかも主にアメリカの航空にかかわるものである。たとえば，Borenstein と Rose (1995) は今日までの研究のうち破産法第11章についての最も詳細な研究を行っており，彼らが行った四つの事例研究は次のように結論する。すなわち破産前においては航空会社はしばしば運賃を引き下げるが，破産後はさらに一層運賃を下げることはしない。他方，これらと競争関係にある会社は一般的に運賃を維持するか，引き上げるか，いずれかの対応をする。破産する航空会社は一般に市場シェアを獲得できない。しかしながら，破産法第11章の事後的な結果を考察したこの研究は支払い不能になる前の航空会社の行動がどの程度破産制度の性質により影響を受けるのかということについて詳細に検討していない。

　それゆえ，直接補助および破産手続きは航空輸送産業に対しきわめて異なった影響を及ぼすように思える。現在，直接補助および破産手続きについてさまざまな含意を述べることができるが，計量的な比較を行うための厳密なベースがない。この際，農業に関して OECD が考案した生産者および消費者の補助についての等価値にそった，政府介入の効果をはかる共通の尺度を開発する必要性がある (Anderson 1994)。

財政的な補助に加えて，国際航空は多くの課税の対象でもある。ある場合には，それらは効果的な目的税であり，それゆえ一種の利用者料金と見なされうる（たとえば，アメリカの航空輸送税は空港および航空信託基金 Airport and Airway Trust Fund にまわされ，そしてフランスの18フランの安全税は旅客の安全対策のために支払われる）。しかしながら，航空部門の需要は長期的に成長し，しかも航空サービスの需要は相対的に非弾力的であるという事実が，政治的には，当然のこととして航空部門を贅沢税の対象とするのである（Lipman 1995）。

税それ自体はさまざまなタイプの公共支出の資金調達のために必要である。しかし公共財政の理論に従うならば，この資金調達はできるかぎり市場を歪めないように行われるべきである。もし航空のような部門が大蔵省によって単に一つの財源として取り扱われるのであれば，航空のような産業部門は長期の資金調達に関して常に危険にさらされることになる。税がある種の供給者を人為的に優遇することによって市場の競争を歪めるならば，これもまた困難な問題を引き起こすことになる。国際航空との関連で考えれば，（欧州における高速鉄道のような）航空にとっての競争的輸送手段が航空輸送よりも優遇された形で課税されるならば，この種の問題が生じるだろう。

実際，何らかの国際航空市場において，特定の税制が航空会社の競争上の地位に対しどのような影響を与えるか確認することは難しい。これは一つには，国によって各税のレベルが違うからである。さらにまた税を利用者料金から分離するという大きな問題を引き出すことになる――この問題は財政的手段がよりしばしば環境政策の一部として利用されるようになるにつれてますます重要性を帯びつつある問題である（OECD 1989b）。現在，課税が異なる航空会社の競争的地位に対しどのように影響するかについて確立された研究方法はない。長期的には，自由化が継続する場合には，そのような方法論を考え出す重要性が高まるだろう。

環境問題

　地方レベルの問題として，空港へのアクセスは混雑を発生させ，近隣の住民にさまざまな大気汚染を引き起こしている。エンジン技術の開発および国際民間航空条約第3章条項で取り扱った要件によって離着陸の騒音はますます小さくなっているとはいえ，離着陸の際の騒音はかなりのものである。実際，環境要因はしばしば航空輸送インフラの開発，とりわけ空港建設および空港の拡張さらには空港の運営にも影響を与えている（Hieronymi 1993）。グローバルなレベルでは，民間の航空会社は二酸化炭素を年間約500トン排出しており，この量は温室ガス総排出量の約1.25～1.5％に相当すると推定されている（British Airways 1994）。上層の大気圏での窒素酸化物の排出は中間層の大気圏のオゾン層に影響を及ぼすと考えられている。またより下層の大気圏では，窒素酸化物は酸性雨の問題を引き起こす。最近，英国王立環境保護委員会（the United Kingdom Royal Commission on Environmental Protection 1995）はまた航空機からの排出ガスによりできる成層圏のアイス・クリスタルが引き起こす潜在的な破壊に懸念を表明した。

　環境資源は市場では取引されないので，国際航空がかかわる多くの環境要因は航空産業自身の費用計算においては外部的なコストである。それゆえにこそ，航空が原因となって発生する環境破壊がひどくならないように政府の政策が必要となる。経済的な表現を用いれば，社会に与える追加的な環境破壊の限界費用は追加的な航空輸送の限界便益を超えてはならないのである（Button 1993）。環境破壊の最適レベルは財政的措置（たとえば，炭素税）によるか，直接規制措置（たとえば，排出量制限）によるか，あるいは両者の組合せによって実現されるだろう。そのような政策は今日しばしば国内の優先政策として取り扱われているだけでなく，国際的なレベルで展開されようとしている。OECD（1975）が提唱した汚染者負担の原則（polluter-pays principle）の受け入れはそのような国際的な努力の一例である。

　この際の一つの重要な問題は，環境に関する一国の国内政策が競争条件に影

響するということである。欧州（2002年までに），アメリカ（1999年までに）そしてその他の地域において騒音の大きいいわゆる「第2章該当機」を段階的に撤去するという国際的な統制策は，フリートの構成比から各航空会社に異なった結果をもたらすことになるが，これはある環境的に均一の土俵を作ろうとするものである。しかしながら，個々の国による行動は航空会社を差別する可能性がある。たとえば，このことは空港によって異なる門限時間となって具体化するかもしれないし，あるいは国によって環境水準が異なる場合に生じるだろう。たとえば，いわゆる「第3章騒音条項」を満たすために騒音抑制装置を装着することは高くつく，すなわち DC-9 型機であれば約175万〜200万ドルそして B737-200 型機であれば300万ドルかかり，さらに燃料費はより高くなる。したがって「第3章騒音条項」は問題の条件を満たす必要のない事業者に対し競争のうえでコスト優位を与えることになる。問題の措置はまた実行するのに時間がかかる。このことは突然の政策変更は，ひとたび締め切り日が確定すると，早期にある基準に合わせようとしていた航空会社にとって不利に作用することになる。このような措置はまた航空機メーカーの市場を歪めることになる。

航空輸送が環境政策全体のなかでどのように扱われるべきかという問題もある。たとえば，1992年に開催された二酸化炭素のグローバルな排出制限を目的とする地球サミットで締結された協定は，各国政府がどのようにして設定された目標を満たすかは独自の戦略にまかすことになった。この目標を満たす多様なアプローチ（たとえば，各国政府によるそれぞれ異なる産業部門の処理の仕方）は航空会社の競争的地位に影響を及ぼす。炭素税のように，二酸化炭素の排出に直接影響する政策は，一国の各産業を対象として現行の一定割合の削減を求める方式（pro rata cuts）とは異なる意味をもつ。

安全性と保安の問題

航空技術が進歩し，そして政府の安全性の基準が高められるにつれて，国際航空における死亡事故件数は長期的に低下している。航空は他の輸送形態よりもほとんどの基準においてより安全である。

事故を抑制するために，一連の安全規制と行動規準が展開されている。それらは一般に参入・撤退および競争を支配する経済規制と別個に取り扱われている。しかし安全性や行動規準に関する規制は航空会社およびインフラ供給者に費用を負担させることになるので，それらは航空市場の機能に影響を及ぼすことになる。きわめて競争的な市場では経営の苦しい航空会社は競争上，より優位に立とうとして安全性の規制を避けようとするインセンティブが働くということが，時には懸念される。

しかし利用可能な実証結果によれば，安全性に関してこのような懸念を支持するものはほとんどない。この結果については，いくつかの理由がある。

――OECD 諸国の政府は安全性の条件を監視する強力な規制機関を設置しており，この安全性の基準はそれ自体 ICAO の評価対象である。さらに，EU のような重要な経済地域には，高度の，標準化された安全規制を確保する独自の制度的な取り決めがある。
――安全性のルールはしばしば航空サービス協定に組み込まれており，より厳しい安全ルールをもつ政府が安全基準のさほど整備されていない他の国と二国間協定を締結しようとする際，容認しがたい国家の安全ルールの存在がその二国間協定への参加意欲に影響を及ぼしうる。
――航空市場が競争的な市場構造に向けて重要な転換を示す場合にも，このことにより安全性における長期的な改善傾向が損なわれるという証拠はない。たとえば，アメリカの国内市場についてみれば，1978年の航空規制緩和法の成立以来，航空機事故は連続して低下する傾向を示している。たとえば，1970～78年の期間と比較して，1978～87年の10年間では，ジェット機を就航させている大手の航空会社の事故は36％減少し，死亡事故は40％減少，そして死亡者数は32％減少した。さらに，ジェット機を使用する新規参入の航空会社が既存の航空会社よりも安全性において劣るという証拠もないようである（Kanafani and Keeler 1989）。
――もし航空会社が潜在的に安全でないとの印象を与えるならば，この種の

航空会社が財政的に苦しむということが明らかになっている。

　安全ルールに関して，ICAO は国際基準および推奨行為（International Standards and Recommended Practices）を展開する責任がある。しかしながら，伝統的に安全ルールは実行するのに時間がかかり，しかも規準内容は各国によりかなりの差がある。たとえば，現在，アメリカ航空宇宙産業協会（the United States Aerospace Industries Association）の推定によれば，アメリカと欧州の民間航空ルールの未調整により国際航空の輸送コストは年間5億～7億ドル程度余分にかかっているという。

　競争の視点から考えるならば，安全ルール上の差あるいは行動規準の実際の運用上の違いにより国際航空会社の各自のフリートの運航方法が影響を受けることになる——ある国内市場においてある航空機が型式証明を与えられても他の市場でそのまま受け入れられるわけではない。なお現在，航空機は航空機メーカーの所属する国以外の国の航空会社によって運航されるために複数の型式証明が要求されている。この複数の型式証明は航空機を開発し，製造する費用をかなり増加させている。国家間の型式証明の基準の違いはその多くが基本的な安全性そのものの問題にかかわるのではなくむしろ安全性の周辺の問題に関係し，したがって内容の問題というより形式の問題である。アメリカ連邦航空局（FAA）と欧州合同航空局（the European Joint Aviation Authority）による調和をめざす努力は安全運航を何ら損なわないで，型式証明を発行する費用を削減するための良き協力体制の一例を示している。

　安全性の問題に加えて，国際航空はサボタージュからハイジャックに至るいくつかの保安上の問題に対処している。航空会社の運航，空港施設そして航空管制にかかわる広範な保安上の取り決めは，今日すべての OECD 諸国の国際航空を取り巻く問題である。保安上の問題が航空需要に及ぼしうる強い影響力は湾岸戦争時およびその後において顕著に示された。他方，国際航空市場の制度的な組織が国際航空の保安上のレベルに重要な影響をもたらすという証拠はない。保安に関する協定は通常，航空輸送政策それ自体と別個の問題として扱

われ，保安に関する協定の効果は用いられる保安システムの強度とその内容次第である。

第5章 国際航空の構造調整の問題

1．基本的な立場の違い

　参入・撤退の問題や競争の機能を扱っている前の章では，国際航空市場の性質と国際航空が運営する制度的な環境を取り上げた。そこでは，時間の経過とともに変化するとはいえ，国際航空部門が市場の発展や制度的な変化に対応できる方法には制約があることを示した。その分析は需要パターンの変化や新技術に直面する一産業の枠のなかでの話である。これらの問題に応えるために，国際航空産業は他の産業と同様，継続的に調整しなければならない（OECD 1987）。

　しかしながら航空産業は国によって多くの異なった特徴を持つ。このことはいかなる構造上の変化のプロセスも同じ出発点から始められないことを意味する。この背景の違いの一部分は比較優位に関する固有の違いに関係し，そしてこの違いこそ望ましい取引の真の基盤を与える。しかしながらその違いの一部分は市場ベースのものではなく，むしろ（補助や法的独占などのような）制度的な取り決めから生じる問題である。しかしこれらの取り決めを改革することは容易でない。Levine (1995) が指摘したように，どのような取り決めを行うかについての選択は歴史，地理，インフラストラクチャー，そして商業上の実態によって制限される。しかしながら総じてみれば，現状の土俵の違いをどのように扱うべきかについて合意がなされるまでは，これらの状況の違いはグローバル化しつつある経済や新たな制度的な取り決めの要求を満たすために構

造的な調整を求めようとする一産業にとって深刻な問題である。

歴史的には，この種の問題の多くは構造的な調整を必要とした他の経済部門と関連があった。たとえば，自動車産業は国内市場の規模の違いに苦しみ，鉄鋼産業と関連した巨大なサンク・コストがあり，海運業は数次にわたって深刻な財政上の問題に悩まされた（OECD 1987）。それゆえ，重要問題はリストラクチャリングを妨害するリストにどのような項目をリスト・アップするかというよりは，むしろ個々の障害物がリストラに与える影響力の違いである。

市場環境と規制の枠組み

国際航空は同質的な産業ではない。さまざまな歴史，制度，そして商業上の理由から，航空会社は規模や構造が異なる。いくつかのケースでは，これらの違いは国内航空と国際航空の経済性の相互作用から生じる。たとえば，とりわけ米国の大規模な国内市場は，特に大規模なハブ構造とネットワーク航空会社の設立を促進した。比較的小さな国の航空会社は大規模な国内市場で運航する利益を持たず，この点がこれらの小国の航空会社によりサービス・ネットワークを提供する際の初期的な不利益といえるかもしれない。しかしながら KLM や Singapore Airlines のようないくつかの小国の航空会社は，主として第六の自由権をフルに展開することによりこの欠点を克服しているように思われる。

各国の航空会社はまた費用構造においても異なる。運航コストの違いは部分的には通貨為替レートの水準の結果かもしれないし，また部分的には関係する市場の性質（たとえば，運航距離の長さ）によって説明されるかもしれない。しかしたとえそのような特徴について相応の斟酌がなされる場合でさえ，航空会社間で経済効率におけるかなりの差が残る（Distexhe and Perelman 1994）。効率性におけるこれらの違いのあるものは，経験の経済のような要因によって説明されうるかまたは，市場プレゼンスの経済の結果でありうるが，他のものは補助の利用可能性や所有形態によってもたらされる保護のような制度的な要因から生じる。さらにしばしば不十分な商業上のインセンティブの結果，経営効率の水準における不均衡がある。言い換えれば，運航コストにおける違いの

あるものは市場の特徴によるよりはむしろ制度的なものからきている。

これらの費用構造の相違はリストラについての政策的な問題を提示しうることになる。なぜならば，これらの費用構造の相違は，急激な需要の収縮ないしは制度的な枠組みの変化が，ある航空会社の市場での営業規模を縮小させたり，あるいは営業を停止させることになるかもしれないことを必然的に意味するからである。しかし，これらはあらゆるダイナミックな状況に共通する問題である。たとえば，1970年代の終わりから1980年代における自動車産業のリストラクチャリングによって，市場に供給している企業の変化と生産の地理的な分布の双方において変化が生じている（OECD 1983）。その結果，より効率的な自動車産業が発生した。競争上の圧力や商業上のインセンティブは，労働力や他の生産要因を生産を拡大する余力のある供給者ないしは代替的な部門に向かうように仕向ける。

制度的な協定は国際市場により内容が異なる。グローバルな提携の出現は，これらの違いがもたらすインパクトを緩和したが，（EU メンバー間の国際市場のような）多国間協定を条件としている市場と二国間協定が存在し続ける市場との間には今なお明確な相違がある。しかし後者の中でさえ，二国間航空サービス協定は（たとえば，指定される航空会社数や許容される輸送能力に関して）大きな違いを示しており，多くのケースでは内密に合意された覚書を含む。これはさまざまな地域航空会社やローカル航空会社の市場の統合を困難にする。

規制の枠組みもまた長期的な市場のトレンドと相互に影響し合う。たとえば，航空機市場は，市場に利用可能な航空機が多くある供給過多の期間から供給不足の期間への変化があった。近年，航空機メーカーはかなり生産のリードタイムを縮小したとはいえ，長いリードタイムと正確な需要予測の難しさから，供給の過多から不足への変化が起こりうる。航空会社が運航頻度ないしは輸送能力を変えることができないように規制される場合には，状況はさらに悪くなる。そのような規制はしばしば航空会社に最適を下回る航空機のフリートを所有させることになる。

社会的な航空サービス

　航空は伝統的に僻地へ輸送サービスを提供し，そして広大かつまばらに人の住む地域を一つにまとめる力として，重要な役割を果たしてきた。政府は社会的，政治的，そして地域経済発展の目的から，自国地域内に航空サービスを提供することを求めた。さまざまな種類の制度がそのようなサービスに資金を供給するために存在する。最近までOECD諸国はその大多数が国有として主要な航空会社を所有し，社会的に必要な航空サービスは航空会社のサービス義務（carrier's mandate）の一部として提供された。当初の規制構造は多くの場合，サービスの内部補助を促進する見返りとして航空輸送のこの社会的な役割を暗黙のうちに含んでいた。より最近では，国内のシステムが規制改革の対象となり直接補助がより一般的になった（米国の生活路線航空サービス・プログラム（Essential Air Services Program）やEUの公共サービス義務（the European Union's Public Service Obligations）の下で認められた国家制度——その具体的適用例としてはたとえばカナリア諸島やバレアレス諸島，およびメリヤにおけるスペインの航空サービスがある）。

　国際レベルにおける社会的なサービス義務は，特定の地域または国をより広域の国際経済にリンクさせる目的以外はさほど一般的ではない。この際の社会的義務はどちらかといえば社会的なサービスとしてよりはむしろ経済発展政策の手段として機能している。いずれにせよ上記の考えがギリシャやアイルランドの社会的なサービス義務における理論的根拠である。この考えはまた，社会的なサービス義務が事実存在し，かつ社会的な機能を提供することに正当な長期的役割を持つと考えるEUの政策においてもはっきりと認識されている。もっともその際，構造的な変化を実現する過程でどのようにしてこれらの社会的な航空サービスの資金を調達するか，そしてどの程度の水準まで資金を確保すべきかという問題がある。

　社会的な航空サービスを提供するにあたって政府は，次のような理由により可能なかぎり市場の力に依存し，またその依存度を高めることになる。すなわ

ち一つは補助金の支払いを最小限にとどめるためであり，また輸送量が周期的に低下しがちな小さなコミュニティーに航空サービスを提供するにあたって柔軟性を確保するため，あるいはまた範囲や密度の経済があらゆる輸送レベルで効率性を発揮するように各クラスの航空会社の発展と成長を促進させようとする意向も働く（OECD 1987）。たとえば米国やオーストラリアあるいはカナダにおいて現在実施されている社会的な航空サービス・プログラムでは，補助が必要とされるケースではすべて入札制により航空会社を選択している。

しかし，民間航空による，財政的に独立しえない航空サービスを資金的に補助する方法はさまざまである。規制の下での内部補助政策が直接補助に取って代わる場合でさえ，財務構造の比較可能性についての問題が残る。他部門からの経験によれば，財務的な支援はさまざまな形を取りうるが，比較可能な尺度を提供する一般的なガイドラインを提示することが可能である。この種の方法論は，農業への政策的介入（Anderson 1994）を検討した際に OECD が展開した代表的な例であるが，航空にはいまだに適用されていない。

2．構造変化のための資金調達

構造的な調整は費用のかからないプロセスではない。それは供給者の経済構造への資源の再配分と新資源の統合を必要とする。構造調整の問題は相対的に資本集約的な，航空のような部門では特に難しい。しかし構造的な変化が生じている多くの他の部門と違って，航空産業のダイナミックな性質とその高い成長力が，いくつかのより深刻な問題を和らげている。とはいえ，サンク・コストや適切な資金調達の限界のような問題は，構造的な調整を行おうとする航空会社の姿勢に影響を及ぼす。

サンク・コストの問題

国際航空はかなりの量の資本を必要とし，しかもそのうちの一部はサンクしている。言い換えれば，サンクした資本は他の経済活動の利用のために容易に

移すことができない。放送業 (OECD 1993e) や電気通信業 (Meyer and Tye 1985) のような構造的な変化が生じている他の多くのダイナミックな経済部門では，大量のサンク・コストの存在がこれまでの構造的な変化の経路に影響を与えてきた。異なる市場条件ないしは旧来の規制制度の下で資本の基礎を築いてきた人たちは，しばしばリストラクチャリングに伴う取引コストからの保護を求める。

たとえば航空会社は全体としてこれまで新しい市場ないしは制度的な構造よりも，古い構造により適合したフリートに投資してきたであろう。ある場合には，便数の制約から大型機材を利用する傾向がみられるが，他方，より自由化された短距離市場では，より小型の機材によってしばしば最も適切にサービスが提供されている (Lortie 1995)。状況の変化によっては，航空会社は新しい市場に合わないフリートを保有せざるをえないことがある。構造的変化により不利な影響を受けた航空会社は，当然，サンク・コストの少なくともある部分を回収できるように，何らかの過渡的な保護を求めることになる。とはいえ，あらゆるサイズの中古機に対して活発な世界的市場が存在しているので，市場の硬直性の度合いをあまりに強調しすぎるべきではない。

特定の視点でみると，サンク・コストは分配上の問題でもある (Gordon 1981)。ほとんどの産業における構造的な変化は，サンク・コストの「未処理の問題 (overhang)」を積み残している。この問題は最初の投資を実行した者か，あるいは改革のプロセスの減速によって，新制度の利益を受けることのない消費者や新しい投資家によって負担されねばならない。しかしながらこの問題に特定のアプローチを採用すれば，改革プロセスの長期的な結果について何らかの意味を持たせられるかもしれない。実際，もし改革プロセスの設計が，不適切なものであれば，政府の介入は構造上の変化に期待される究極の経済的ないしは政治的目標を挫折させることになろう。たとえば，それは新技術が導入される範囲を狭めるかもしれないし，また不適切なシグナルを関連部門（たとえば航空インフラを供給している部門）に送ることになるかもしれない。

埋没資産の効率的な利用を実現することは重要であるが，航空会社に補助を

与える議論や破産法の下での保護協定の議論を行う際に，適切なリストラクチャリングのためには充分な時間をかけることの望ましさを忘れてはならない。資源を不適切なリストラクチャリング・プログラムへ直接誤って配分することによって，補助や破産の制度が必然的に非効率な結果をもたらすという回避し難い危険性がある。さらに補助や破産制度によって輸送が他の事業者に移転し，その結果より効率的にリストラクチャーできるはずの他の事業者の収入を低下させるのであれば，この補助や破産の制度はまた重大な二次的な効果を持つことになろう。

資金の利用可能性

利用可能なデータはえてして比較的に大きな誤差を伴うものであるが，商業航空は全体として確かに1990年代初めに大きな財務上の損失を被った。ICAOの報告によれば1990年と1991年の，世界全体の航空産業の売上純利益率（net profit margins）はそれぞれ－2.2％と－1.8％であった。米国の定期航空会社は全体としてみれば1992年に25億ドルの営業損失を示したが，それはICAO加盟の航空会社が経験した15億ドルという世界レベルの損失と比較されるべきである（International Civil Aviation Organisation 1994a）。その損失のかなりの部分は国内航空においてであったが，国際市場でも損失を被った。たとえばIATAの推計によれば，IATA加盟の航空会社は1994年に18億ドルの一時的な利益を得たが，1990～93年の間に156億ドルを失った。

財務状況はルートによっても航空会社によっても異なっていた。多くの航空会社は自己資金による投資をカバーするのに充分ではない資金繰りに苦しんだ。もちろんすべての航空会社がその期間に損失を経験したわけではない。British Airwaysや Air New Zealand，そして Singapore Airlines のようないくつかの航空会社は一貫して利益を上げていた。同様に Lufthansa や KLM あるいは Northwest Airlines のようないくつかの航空会社は，1990年代の初めに財務的なパフォーマンスは脆弱なものであったものの，他社よりもずっと早く好転させた。

1990年代の初めに被った深刻な損失は、主として世界的な経済の後退や湾岸戦争のような特別な要因に起因するものであった。航空会社の経営困難は、1980年代終わりに多くの航空会社が実施した、過度に楽観的な投資によって一層ひどくなった。周期的な景気変動や特殊な環境が重要な決定要因であったとはいえ、最近の動きをみると、景気の山と谷の差がより際立ってきたように思われる（Maldutis 1993; Mullan 1995）。航空会社の長期的なパフォーマンスは、イールドの長期的な低下によって明確に決定づけられており、この傾向は部分的にコストの低下によって相殺されているといえる。たとえば、1960～90年の期間に、単位コスト（unit cost）は平均して毎年1.9％しか下がらなかったのに対し、イールドは旅客運輸については年平均2.2％、貨物では年平均3.4％低下した。

　重要な考慮すべき事柄はこの状況が持続可能であるかどうかである。たとえば、IATA（1992）の推定によれば、国際サービスにおいて将来の要件を満たす資金を調達するには毎年6％の経常利益率（利息と税の控除前）が必要であった。この数値は過去20年における2％を下回る数値と対照的である。1990年代半ばの世界経済の好転は、企業内の生産効率の改善と合わさって多くの航空会社の財務状態を改善した（表5-1参照）。もっとも個々の航空会社のパフォーマンスの間にはかなりの差がみられる。さらにこの改善されたパフォーマンスでさえ、長期的に持続可能であるかどうかは明らかでない。IATA加盟の航空会社の国際便の経常利益率は1994年には4.8％にすぎず、1995年には7.8％の余剰が得られたとはいえ、長期的なトレンドは、IATAが持続可能な航空産業にとって必要であると判断する数値をはるかに下回るものである。

　ある産業が自らの長期的な投資ニーズを満たす能力もまた、自身の財務上の負債の構造によって決定される。多くの航空会社の営業利益の下落は、過去数年にわたって他人資本・自己資本比率のかなりの上昇につながった。たとえば、米国航空会社全般にわたって他人資本・自己資本比率は1978年から1992年の間に2倍以上になった。これらのデータは過去においては、信用へのアクセスが航空産業にとって重要な問題ではなかったということを示すが、将来において

表5-1　1995年の主要航空会社の財務パフォーマンス

(単位：百万ドル)

	営業収入	営業利潤(損失)	純運航利潤(損失)
北アメリカ			
エア・カナダ	3,284	200	38
カナディアン航空	2,288	(20)	(142)
アメリカン	16,910	1,015	196
コンチネンタル	5,825	385	224
デルタ	12,194	661	320
ノースウエスト	9,085	902	342
サウスウエスト	2,873	314	183
ユナイテッド	14,943	829	349
USエア	7,474	322	119
アエロメヒコ	686	41	(22)
メキシカーナ	816	69	(244)
ヨーロッパ			
エール・フランスグループ	7,957	83	(580)
アリタリア	4,645	45	1
ブリティッシュ・エアウェイズ	12,143	1,139	740
イベリア	3,616	202	(361)
KLM	5,953	282	342
ルフトハンザ	13,904	585	1,031
SAS	4,962	671	357
スイス・エア	5,941	201	(125)
アジア／太平洋			
全日空	10,031	288	(89)
日本航空	15,026	180	(94)
カンタス	5,315	636	134
エア・ニュージーランド	1,826	181	165

出典：*Airline Business*, September 1996.

は，負債金融が同程度に利用可能であるかどうかは疑わしい。より長期においては高い他人資本・自己資本比率は，キャッシュフローが比較的安定し，収益パフォーマンスが時間の経過を通してほとんど変化しない産業にのみ許される。これは国際航空で見出される状況ではない。資本市場は米国の航空会社の株式の取引によって示されるようにますます航空輸送産業に固有のリスクに気づいており，事実米国航空会社の株式は1996年の初めには一般株式市場の指数に対し55％の割引で取引された。

　航空産業は（特に騒音レベルに関する一層厳しい環境基準の観点から）古い

機材を退役させる必要があり，そしてまた計画された需要を満たすために新たな供給能力に投資する必要があるので状況は一層複雑なものになっている。計画されている大型機の利用と合わせて，ロード・ファクターや航空機の使用が改善されれば，将来の特定の輸送レベルに対処するにも，より少ない機材で間に合うということが推定されるが——たとえば，1990年度の輸送量は，2005年までに37％少ない機材を用いて処理しうると予測されている——，これは総輸送量が大幅に増加するであろうという事実に照らして考えねばならない。ボーイング社は，今後20年間は8,570億ドル（1992年度の物価）の代価で，ほぼ1万2,000機が引き渡されるであろうと予測し，そしてICAOは1991〜2000年の期間に対して8,000億ドルの数字を提示した。

　財務上の問題は，これまである程度，より広範囲に及ぶ航空市場の発展により短期的には問題の衝撃が緩和されてきた。たとえば，航空機メーカーの努力により生産のリードタイムが短縮されたことで，航空会社は一層柔軟に機材の発注を行うことができるようになった。また航空部門においてハードウェアの所有と航空サービスの提供はますます区別されるようになっている。現在，多くの航空会社は機材を購入するよりもむしろリースするので，航空機メーカー自らが現在，しばしば自社の製品の購入を促進するための融資パッケージを提示する。したがって航空サービスの運航と同様にハードウェアの生産を含む，航空部門全体の一見好ましくない財務状況は，基本的な航空業界の統計数値が示すほどに深刻なものではないかもしれない。この際の重要な問題は，この航空産業の枠組みが市場のリストラクチャリングに対処することが可能かどうかである。

　健全な財務的基礎は，明らかに航空会社の構造的な改革を推進する範囲を拡大する（OECD 1987）。心配なのはこういう状況が現在，国際航空において見られないということである（Mullan 1995）。たとえば，The Comité des Sages for Air Transport (1994) の指摘によれば，たとえもし伝統的な資金調達方法が改善されるとしても，欧州の産業に流れ込む資金フローとリストラクチャリングのコストとの間には「35％の資金ギャップ（funding gap）」を生じうると

いう。この状況は，他の地域の市場における状況と異なる。なぜなら金融制度の組織が異なるからである。この際，考慮すべきもう一つの問題は航空機のリース会社が直面する財務上の困難さであり，それによってリース会社は航空会社へのリース活動においてより慎重になっている。このことは特に長距離市場で問題となっている。長距離市場では大型機材をさほど容易に配置転換できないので，リース会社はプレミアム（割増し金）を課す傾向にあるからである。

3．インフラストラクチャーの制約

空港や航空管制能力の不足は，国際航空輸送におけるリストラクチャリング・プロセスの進度や形態にかなりの影響を与える。たとえば制度面においては，1978年の規制緩和以降の米国国内航空産業の構造について行われた経済学者の予測は，いくつかの空港の処理能力の不足によって期待通りの結果が得られなかった。同様にヨーロッパでは，空港設備や航空管制システムの制約が，より自由な市場の創造を抑制することがわかった。機材の動きやターミナルの処理能力に関する同様の制約は，国際航空産業の将来のリストラクチャリングに及ぼす影響において，重要な役割を果たすことになろう。

機材の移動

空域の混雑は航空会社の運航を妨げ，そしてリストラクチャリングに影響を及ぼしうる。たとえば，欧州の空域はきわめて逼迫した状態にあり，時代遅れの国内の航空管制センターの構造によりコントロールされているので，こうした状態が航空会社の機材の移動やコストの選択の自由をますます制限することになるであろう。たとえば北大西洋ルートでは，すでに1日当り600のフライトがある。この空域はリアルタイム感覚でコントロールされていないので，あまり魅力的でない時間に飛ぶか，あるいはより高いコストのルートを飛ぶかの選択を航空会社に強制する形で，航空会社に運航上の制限を与えている。ごく近い将来には，衛星技術の利用を通じてより効率的なルートの選択が可能にな

るはずであり、この問題は二義的なものとなるかもしれない。

空港混雑も多くの国で問題となっており、これもまたリストラクチャリングの進行を妨げるであろう。たとえば滑走路の利用にみられる不可分性のゆえに、空港の処理能力が拡大しても離着陸に対する航空会社の需要とうまく一致することは難しい。この制約された状況の中でより多くの空港容量を提供する問題に加えて、長時間を必要とする意思決定のプロセスの問題がある。特定の市場プレゼンスの問題はさておいて、運航の規模、範囲、そして密度の商業上の有利性は、既存の航空会社がさらにハブに集中するインセンティブをもたらす。これらの特徴は、既存の航空会社のネットワークの構造改革に対する柔軟性を制限し、市場参入を妨げることになる。

さらにいくつかの空港では、駐機場（aircraft parking）の制約が、容量よりもより深刻な問題である。たとえば Munich 新空港は、ターミナル設備は73％の利用であるが、駐機場の容量はすでにピーク時のフル容量に近づいている。多くの空港、そして航空管制や航空航法サービスについて航空会社に課される料金は機体の大きさによって異なる。他方、費用はたとえ変化するとしても、さほど変化するものではない。このことは、大型機よりも小型機の運航を選好する価格インセンティブがあるということを意味する。これは商業的に存続可能なタイプのサービスの選択に影響し、したがって空港容量の制約の問題に照らして悪いインセンティブを与えることになる。

旅客と貨物のスループット

航空サービスにとってターミナル施設は飛行アクセスと同程度に重要である。たとえばオーストラリアでは、国内線ターミナル・ゲートへのアクセスは、構造的な調整にとって深刻な障害となっている。というのは歴史的な航空会社の2社政策によって主要空港での国内線ターミナルの大部分は、問題の2社が自らのニーズに供するように建設し、そしてこれら2社により長期間リースされているからである。したがって新規参入者はこれらのターミナルにおけるスペースの利用を交渉するか、あるいは空港の経営者と追加的なターミナル・ス

ペースの提供について交渉しなければならない。

　いくつかの空港は税関手続きの処理に関して深刻な制約を持つ。税関や入国管理のための職員数が，サービスに対する必要人数によってではなく，一般的な政府の予算との関連で決定されており，これらが拘束的な制約になっている。もともと高水準の保安を優先して設計していないターミナルビル内での保安条件を満たさなければならないが，このこともまたターミナル施設の利用に関する問題点となっている。

　航空輸送システムを効率的に機能させるためには信頼ができ，かつ予測の可能な空港へのアクセス手段が必要となる。多くの国では既存のアクセス道路の輸送能力はもはや増え続ける輸送量を処理できない状態にある。これに加えて，環境問題が存在し，道路によるアクセスの拡大は制限されている。各国は空港を長距離鉄道ネットワークに組み込んだり，あるいは高速輸送列車システム（rapid transit train system）とか地下鉄を空港に結びつけることによって，この道路によるアクセス問題を緩和しようとしている。鉄道サービスに接続する空港の数は着実に増加しているが，鉄道システムには長い建設時間を要するので，多くの国々で空港アクセスの問題は今後も継続するであろう。

　これらの型のインフラストラクチャーの制約は，いずれも航空市場の運営を妨げることになり，また，主要な技術変化，新たな需要パターンの出現あるいは規制の自由化の実現以後も航空産業の構造に影響を及ぼすことになる。特に規制の自由化によってインフラストラクチャーの逼迫がさらに制約を加算し，それによって競争の拡大がもたらす有益な効果を台無しにすることにもなりかねない。米国の経験から航空インフラの制約が市場構造に与える影響は特にはっきりしている。MorrisonとWinston（1989）は，このインフラ制約こそが最適条件を下回る市場パフォーマンスを導いた最も重要な単一の要因であろうと主張し，またLevine（1987）およびその他の者は産業構造に対する結論を文書で公刊した。ヨーロッパにおいては，空港の混雑は競争のプロセスを損なう可能性を持つものと見なされており，深刻な混雑問題が発生した場合はEU加盟国の介入の可能性が示唆されている（Council Regulation No. 2408/92）。

4. 制度上の問題

　政府や国際機関の行動はリストラクチャリングに重要なインパクトを与える。ある場合には，政府は適切な競争と規制の政策を通じて構造改革に対する障害物を封じ込めることもある。これと関連することではあるが，よりダイナミックなレベルでは，着実な経済成長を促進するマクロ経済政策が，市場参加者による構造改革の意欲を減退させるいくつかの不確実性を除去する場合もある(Michalski 1983)。しかしある種の状況においては，政府は構造調整の速度を緩めるか，あるいはその構造調整を特定の方向に向けさせるために直接，行動を起こすこともあろう (OECD 1987)。

　国際的に取引される一般的な財やサービスにおける構造調整に関する特別の問題は，国家がしばしば自国の生産者を長期的なプレーヤーとして存続するように保護するか，あるいは国家がリストラクチャリングの過程をコントロールし——そしてしばしば遅らせるために——，自国の生産者を保護しようとすることである。このような行動を選択した場合，経済全体の視点からすれば，それにより得られる便益は限られたものであるが，それに伴う費用は大きい(OECD 1985)。構造的に消滅しかかった産業ないしは企業を保護することは，ある場合には雇用の維持において限られた短期的利益を与えるかもしれないし，また外国への輸出代金の抑制とか供給量の確保というような他の目的を満たすかもしれない。

　しかしこの際，保護に伴うコストは大きい，すなわち生産要素の配分が最適条件を満たさず，消費者にとって物価は高くなり，そして一国経済の全体的な効率が低下する。結局は，調整を行わざるをえない場合にリストラを遅らせば，リストラの費用ははるかに高くつくであろう。さらにもしある産業への国家的保護が他国による同様の報復的な政策を呼び起こすならば，費用は一層高くつくであろう。国際航空に関しては，供給を制限したり，高い運賃を課す制度的な取り決めは，その締結国から効率的な航空輸送サービスを奪うことになる。

したがって航空輸送部門における保護主義的な手段が与える全体的な結果は、より広範な経済における長期的な歪みを引き起こし、経済成長のポテンシャルの究極的な弱体化をもたらす。特にこの保護主義的な手段は輸送集約的な部門、たとえば国際観光産業のような部門の発展を妨げることが考えられる。

国際航空部門に身を置く人々が経済環境のより広範な変化に対すると同様、技術の進歩および新しい経営実践から生ずる新たな機会に積極的に対応するかどうかは、一つには競争の強度に依存するであろうし、さらには競争が航空会社や空港、そして航空部門におけるその他の施設を首尾よく構造的に調整するインセンティブに依存し——そして最後に構造調整を行わない者に対して適用される罰則の厳格さに依存するであろう。

現在の規制構造は、特に競争とのかかわりのなかで、国際航空の構造的な変化に対して多くの問題を含む。とりわけもし航空サービス協定がルート上の輸送容量や航空会社による需要調整の自由を制限するのであればそのような航空サービス協定は問題である。地域的協定および比較的自由な二国間協定の開始は、これらの問題のいくつかを取り除いた。しかし中にはそれほど直接的ではなく、またはっきりしない問題もある。すなわちリストラクチャーのプロセスを妨げる可能性を持つ航空会社の所有および競争政策に対する各国の姿勢の違いに関する問題である。

所有の問題

産業がリストラクチャーする場合、企業の所有はしばしば変わる。たとえばこれには合併や買収を含むかもしれないが、公的所有と民間所有の間の変化もまた含まれる。航空会社の政府所有は、合併あるいはその他の株式をベースにした手段により産業のリストラクチャリングを妨げる可能性がある。もし政府が売却を望まないのであれば、市場ベースのリストラクチャリングは挫折することになる。しかし以上に加えて、民営化された部門でさえ所有の柔軟性は、航空会社が最適なサイズを持ち、最適なネットワークを供給するために重要である。最近、自由化された国内航空市場において、所有の変化についての数多

くの事例が見られる。

——カナダでは，自由化により六つの小さな航空会社が一社に統合され Canadian Airlines International となり，同社は有力な政府所有の航空会社である，Air Canada と競争することのできる充分な規模の航空会社になった。
——米国では，国内の規制改革が多くの合併・買収を発生させた。たとえば国際路線にのみ限定されていた Pan American は国内線航空会社の National を買収，そしてその後同社の国際路線の多くは Delta によって引き継がれた。
——ニュージーランドでは，自由化以前に国際線航空会社が国内線航空会社と合併した。その後は，1980年代の前半における自由化に沿って，合併された航空会社は民営化された。
——オーストラリアでは，国内の規制緩和によって政府所有の国際線航空会社 (Qantas) が政府所有の国内線航空会社 (Australian) を買収することになった。

カナダは所有規制の役割についての興味深い例を提供する。第一に，Alberta 州政府が地域航空会社である PWA Corporation に課した制約のために，後に Canadian Airlines International (CAI) の中核になった幹線航空会社である CP Air は，1987年に PWA を吸収することができなかった。それどころか代わりに小さな PWA がはるかに大規模な CP Air を吸収しなければならなくなり，これは前者にとり過大な負担であったと思われる。1992年に PWA Corporation は破産寸前の状態に陥り，利払いを停止し，その負債をリストラクチャーしなければならなかった。第二に，今日においてさえ，同一の所有に関する制約が航空会社の経営の変更を妨げている。多分，驚くことではなかろうが，PWA Corporation の株式は他のカナダや米国の航空会社と比べて非常に低い株価収益倍数 (price-earnings multiple) で取引されている。第三に，Air

第5章　国際航空の構造調整の問題　157

Canada の民営化はかなりの効率性の向上につながった。Air Canada の座席当りの費用は，かつて競争相手の Candian Airlines との間にかなりの隔たりがあったものが現在では，ほぼ同じ費用領域に位置している（Gillen et al. 1989）。

　これらのケースが示すように，生産の効率性をリストラクチャーする能力はしばしば所有の自由に依存する。多国籍の航空会社の提携がますます増えていく状況と相俟って，より多くの自由所有の規則が，多くの国々でみられるようになった結果，伝統的な「フラッグ・キャリアの考え方（flag-carrier mentality）」は今や侵食され始めた。しかしながら多くの国におけるこの漸進的な所有の自由化にもかかわらず，航空会社に関する外国人の所有についてはかなりの制約が残存する（3章を参照）。

　外国所有の制限を一国の判断のみで変更することはしばしば困難である。いま仮に1992年の EU のルールの下で，ポルトガル政府はドイツに拠点を置くがアイルランド所有のある航空会社がミュンヘンからリスボンまでの就航を認可しなければならないとする。このケースは所有に関する障害を克服しているように思える。またこの航空会社は EU 域外のルートを飛ぶ場合に EU 以外の国による就航の指定を承認してもらう必要はないものとする。いまドイツと他の一国，たとえばオーストラリアとの間に二国間協定が結ばれるとすれば，通常，この協定はドイツから他国へ就航する航空会社はドイツ人により所有され，管理される航空会社であることを求めることになろう。さらにこのドイツを拠点としたアイルランド所有の航空会社がオーストラリアに輸送サービスを供給するのに，アイルランド政府から就航の指定を受けることができるかどうかも明らかでない。特定国家グループ間の所有規制の緩和は，すべての運航がこのグループ内に限定されるという航空会社に限って有効なのである。所有規則のより広範な自由化がなければ，国際的な航空サービスに関して何らかの意味のある産業のリストラクチャリングが起こるようには思われない。

競争ルールの適用可能性

　航空市場が規制の少ない環境に向けて構造調整を行う時，そのリストラクチ

ャリングは競争法により指導されることが重要である (van Hasselt 1994)。さもなければ，結果として生じる産業組織や市場のパフォーマンスは，競争の視点から最適条件を下回るものとなる。過去においては，国家レベルの競争ルールがリストラクチャリングを行う際の基礎となった。しかしながら多くの，世界的に指導的な国際航空会社は，今や，ほとんどもっぱら国内市場ではなく国際市場を対象として運航している。KLM, Singapore および SAS はそれらのうちの三つの例である。Air Canada や Qantas のような大規模な国内市場を持つ航空会社でさえ，それらの収入や輸送量の半分以上は国際ルートから得ている。これは国際レベルの競争法の原則が，産業のリストラクチャリングにおいて確実に適用されることの重要性をはっきりと示している。

競争政策は次のような争点を方向づけている (OECD 1993f)。

——市場における支配的地位の乱用，
——略奪的価格，
——情報の問題，
——抱合せ販売 (tied selling) のような，川下市場 (downstream markets) ないしは流通チャネルにおける競争への介入，
——重要な資源を支配するための垂直統合のような，川上市場 (upstream markets) における競争への介入，
——市場力を生み出すことを目的とした水平的な合併。

国内サービスのレベルでは，多くの国々は航空輸送に対して一定の制約の下で一般的な競争法ないし特定法規の適用の免除を行っている。その理由は政府主導の下に規制を行えば，航空に関係する競争問題をより効果的に処理しうるということである。この免除によって規制当局の不必要な重複行為を避けることが期待される (OECD 1992c)。政府の政策手段として企業を国有化する国々においても同様の免除が適用されるものといえよう。

国内の自由化に関しては，制度的な改変のプロセスは比較的にわかりやすい

ものである。問題となる規制緩和法を通過させる場合，新法は既存の競争法の優先権を明確にするか，あるいは，それに代えて現在，規制が緩和されている産業にも新たな競争法が適用されることを明確にするために競争法そのものを同時に修正するかの方法を選択する。政府官庁の管轄が重複する場合には，この点は明確にされる。米国では，1978年の航空規制緩和法の下での航空会社の合併調査は，当初運輸省で行われていたが，1989年以降段階的に，一般的な反トラスト法の下で司法省が担当するようになった。カナダでは問題の合併調査は国家交通庁（the National Transportation Agency）と競争政策局（the Bureau of Competition Policy）の両者によって別々に行われており，したがって管轄がなお重複した状態にある。

　より広範な国際市場の自由化によって，しばしば各国の競争法の適用があまり明確でなくなってきている。国際的な企業に対し競争法を適用する場合に発生する一般的な問題であり，航空輸送に固有ではない。

　——たとえば米国を含む多くの国々は，競争行為が国際市場あるいは国内市場のいずれかに影響を及ぼす場合には，自国の競争法は，自国の領土外の競争行為にも適用するとの見解をとる。しかし他の多くの国々はこのような形の治外法権を認めない。
　——いくつかの国の一般的な競争法は多国籍企業への適用を明確に除外する。
　——いくつかの国は自国の競争法の内容が曖昧であり，裁判所でこの法を考査しないようにしてきたか，あるいはそうする機会を持たなかったかのいずれかである。カナダの航空機メーカーと外国の小さな航空機メーカーとの潜在的な合併においてカナダは競争法の適用を求めないと判断したが，これは前者（意図的回避）のケースと考えられるであろう。

　航空輸送においては，確かに競争法の国際的な適用に関して曖昧さが存在する。QantasとBritish Airwaysとの間の共同サービス協定に対しオーストラリア貿易活動委員会（the Trade Practices Commission of Australia）は協定に関

する考査権を有し，実際に考査したが，英国政府はそうすることができなかった。この事情はこの種の曖昧さを示す一例である。Virgin Atlantic が British Airways を相手に起こした競争訴訟は英国ではなく米国の裁判所で進められている。1995年の，カナダと米国との間に結ばれた自由航空サービス協定（The Canada-United States liberal Air Service Agreement of 1995）は，両国それぞれにおける競争法の適用を求めている。米国の競争法の治外法権的な適用と合わせて，この協定は満足のいくものであるかもしれないが，曖昧さが存在する他の多くのケースが発生する可能性があり，その都度明確になされる必要があろう。

国境を越えた協力や合弁事業，提携によって特徴づけられる国際航空産業の出現によって，競争ルールの適用における一貫性や予測性に対するニーズがますます増大した。不明確で矛盾に満ちた競争ルールは，協力的な活動が法律上の有効性を不確かなものとし，それによってリストラクチャリングのプロセスの効率性を損なうかもしれない。他方，少数ではあれ一連の競争ルールを遵守することが，とりわけそれらが国際提携ネットワークの形成やコード・シェアリング運航の展開に影響を及ぼす場合には，航空会社に実質的な追加的コストを課することになる。

以上の背景において OECD 諸国は，OECD 大臣会議が勧告した一般的なガイドライン（OECD 1992d）を取り入れることが望ましいように思える。すなわち，この一般的なガイドラインとは，

①競争性を高める政策と市場アクセスとの間の一貫性を改善し，
②競争政策における実体的なルールと法の強制行為の（国際的な）一元化のための基礎を提供し，
③貿易や競争の政策を監視するためのより良い手続きを明確にし，そして
④消費者の利益を向上させることにある。

第6章　国際航空輸送における制度的改変

1．改変の考えと課題

　われわれが今ここに問題とする改変とは，構造改革（restructuring）に対比される制度的な変革（institutional counterpart）を意味している。構造改革は航空輸送部門が新たな需要パターン，経営的革新および技術的変化の諸問題に対処するために生産活動をどのように調整できるのかという（ハード面の）能力に関するものであるが，今回，われわれが取り上げる改変（transition）は，国際航空における構造的変化が効率的かつ効果的に実現するための制度的な（ソフト面の）改革（institutional reforms）に関するものである。この制度的な変化は法的な改革のみならず，既存の制度的な取り決めに関する，事実上の解釈のし直しを含むものでもある。

　このように改変はリストラクチャリングと区別されるが，しかし両者の間には不可避の相互関連がある。一つの部門が市場条件の新たな展開に対応するためには，制度上の変化を必要とするであろう。そしてこの制度上の変化は法制上の枠組みを大幅に変えることになるかもしれない。同様に一つの産業が自らの構造を変える時には，規制に関する制度的な解釈に影響を与え，さらには予想を超えた制度的な変化を引き出す諸条件をお膳立てする可能性もある。後者の関係は，まさに民営化の結果を処理するために一連の規制改革を必要とした複数の部門で明らかになった事柄である（OECD 1992c）。

　制度的な改変は時間的要因を含む。短期的には，既存の制度的な構造を維持

しながら，その内部の変化を意味する場合もあろう。たとえば国際航空について二国間構造を維持しながらも，複数社指定，コード・シェアリングその他の協調協定の成立，あるいはまた第五・第六の自由権の設定を認めるような場合が考えられる。しかし長期的には，制度的な改変は一般的な制度の仕組みそのものに対する変化を引き起こすことになろう。その場合の変化は主要な法律上の変化（de jure changes）を意味し，単に既存の制度に関するマイナーな解釈のやり直しとか既存制度の調整を意味するものではない。たとえばEU内の航空市場の発展が，サービス協定に関する二国間構造からのシフトであると同時に，多国間の地域構造（regionalateralism）の始まりであると解釈されるのはこのような大きな変化を意味するからである。

　国際的な航空部門における制度的な改変はいくつかの問題を抱えている。おそらくはこれらの問題のうちで最も重要なものは，市場の役割に対する各国のアプローチが異なることから派生する問題であろう。これらの問題は結局は，市場における政府の介入の範囲，強さおよび性質に関する二つの異なった考え方に帰する。自由市場学派（the free market school）は，市場原理を強調し，政府の介入は重要かつ明白な市場の失敗——たとえば広範囲に及ぶ独占権の存在——が政府介入による潜在的な非効率を上回るという場合に限って許されるべきであると考える。他方，介入学派（the interventionist school）は，市場が政策目標をより効率的に満たしうると明白に証明できる場合は別として，政府の統制と規制が望ましい，と考える。

　しかしこれら両者の人々は，いずれも国際航空部門については政府の監視体制を必要であると考える。国際航空のケースではBrittan（1990）が指摘するように，価格の決定と市場への参入をより自由にすれば，コストを引き下げることにより経済的効率を高めるが，同時にこのことは航空会社および他の業者が反競争的な行動を取ることを可能にする。それゆえ，広い政策の観点からすれば，この問題は常に，費用効率の重要性と市場で発生する反競争的行動の重要性に関する相対的な判断の問題である。

　国際航空においては，伝統的にこれまでは介入学派の方向に強く偏っていた。

1944年のシカゴ会議 (the Chicago Convention) は，参入，運賃決定および他のサービス部門についての決定は市場にまかされるよりはむしろ政府にまかされるという政策を生み出した。このことは一つには，当時の政策決定に影響した非商業目的および第二次大戦後の，航空サービスの供給をバランスのとれた形で発展させたいという多くの国々の願望に根ざすものであった。しかしまた同時に，いくつかの国々では，当時の産業構造の下では，たとえ市場に決定を委ねるとしても市場が能率的な経済的結果を生み出す能力を持たないという懸念を反映するものでもあった。

最近ではEU内の自由化のような新しい展開および増加しつつある，より拘束力の小さい二国間の航空サービス協定において確認できるように，問題の焦点がシフトしてきている。このことは，部分的には，OECD諸国において介入主義的な考えからより幅のあるパラダイムに考えをシフトし，市場の力を強めることにより消費者の利益を高め，そして社会全体の経済効率を高める動きの中にみることができるであろう。多くの国々はなお自国の国際航空政策において非経済的な目的を達成させようとしている。しかし現実には経済的な効率性基準がますます支配的になりつつあり，より自由化した規制の枠組みの持つ利点が消費者および経済全体の利益を増幅させる一手段として徐々に受け容れられようとしている。このことは全面的に自由市場経済が採用されつつあることを意味するのではなく，むしろより自由な制度が有する便益を手に入れるためにより自由な政策が企画されつつあるという状態にある。

2. 制度的な改変の戦略

新たな国際的な二国間協定の経験を重ね，そしていくつかの市場で地域的な多国間協定が成立するにつれて，自らの体験を通して制度的な改変を行う際にもいろいろの代替的な方法が可能であることを理解しつつある。これまでの国内の制度的な改変の経験もまた相異なる戦略の持つ長所を示してくれる (e.g. Rossell 1995)。

最も広義に解釈すれば制度的な改変を行うには多様な方法があり，最近では航空市場を含めて各種の市場でこれらの方法がある程度，採用されている。ここにいう広義の解釈とは，現実に発生する変化を詳述するよりはむしろ全体的な戦略や改変のプロセスの実施を問題にするということである。一つの極端なアプローチは「ビッグバン」アプローチといえるものであり，単一のパッケージでもって一挙に改革を開始するアプローチである。他の一つのアプローチは改変を事前の予定にしたがって段階的に導入するアプローチであり，全体的なひと組みの制度上の改変が明確に定められたタイム・テーブルにしたがって実施されるアプローチである。これらのアプローチとは別に，変化を進化的に進行させるものもある。変化のプロセスにおける各段階が，それに先行する段階での経験から発展する形をとるアプローチである。これらについては詳細な点で内容を異にする同類異種のアプローチが存在する。

「ビッグバン」アプローチは，以上のように国際航空を管理する制度的な枠組みを即時にかつ総合的に変革するという極端なケースである。このアプローチの主な利点は，段階的なアプローチにおいてはある種の航空会社に残存する先行者の利益（the first mover advantages）を部分的に除去することができるという点である。さらにこのアプローチでは，関係する航空会社による新たな状況への対応が一度ですむので，ある種のケースでは取引費用をより少なくすることも考えられる。他方，このアプローチの不利な点は，問題の制度上の変化に欠陥がある場合に，航空部門の発展に重大な損害を与えることになるという点である。さらにまたこのアプローチは，——いろいろの理由，たとえば既存の制度的な構造に関するものにより——ある種の航空会社が他の航空会社に比べて不利な条件でスタートする場合に，この種の航空会社に重い負担を課すことにもなる。最後に国家間の法制度の違いに伴う困難な問題があり，一国の法制度が航空部門では不都合であっても，その法制度がより広い適用範囲を有し，したがって個別の航空部門の発展に対処するように容易には変更できないというケースがある。

現実問題として，航空をとりまく問題の多次元的な性質を前提とすれば，純

粋な形態における「ビッグバン」アプローチは，非現実的な選択である。より現実的なアプローチは段階的に変革させるアプローチである。対策を段階的に導入するということは航空会社およびその他の関係者に対し彼らの戦略を計画させる余裕を与えることになる。段階的なアプローチは，異なった競争の出発点から発生する航空会社にとっての恐怖心を処理する方法として用いることもできる。しかしながら事前に行動を決定しておいて段階的に事を進める方法は市場システムの変化についていけないという不利点を持つ。さらにまたこの段階的な方法では，既得権を得た利害関係者が新制度の下で自己の立場を守るために戦略を練る時間を与えることも考えられる。

　段階的アプローチの一つの重要な変型は，段階的に制度を変更するが，しかし単に事前に規定された一連の変化をたどるのではなく，学習過程を取り入れた学習アプローチ（the learning-by-doing approach）である。ちなみに EU が採用したのはこの型であり，EU の場合には三つの主要な対策パッケージが存在した。しかし各パッケージはそれぞれ独立しており，しかも必ずしも事前に充分な計画がなされたものではなかった。この型はどちらかといえば形式をより重視する段階的アプローチであり，それに加えて先行するパッケージの経験から引き出された学習効果を取り入れる利点を有している。しかしこのアプローチはその適用後の変化がどのような性質のものか，またその変化はどの時点でどのように発生するのかについての，ある程度の不確実さを持ち込むことになり，したがって各段階の実施に関して問題が生ずる可能性がある（Civil Aviation Autority 1995b）。このアプローチはまた各パッケージにおける特定のタイプの変化に向けて政治的なロビー活動を行う際に，これらの関係者がゲーム論的な行動をとる余地を与えることになる。

　この問題に対する他の一つの問題は，国際航空における制度上の改変が，世界貿易におけるより一般的な改変の中でどのように適合するのかという問題である。国際航空サービスは GATS に対する付属文書として取り込まれている。しかし GATS での取扱いはきわめて限定的なものである（Katz 1995）。現在，この付属文書は何ら具体的な権利（hard rights）を伴わず，しかも航空関連で

は三つの取引行為を含んでいるにすぎない。すなわち航空機の修理とメンテナンス・サービス，航空サービスの販売とマーケティング，そして CRS の三つの問題についてである。現実問題としてこれらの事柄でさえも短期的に完全に採用されているわけではない。すなわち GATS に調印する最初の26ヵ国のうち25ヵ国は販売とマーケティングの項目については最恵国免除規定の適用を求め，また CRS については24ヵ国が同様の免除規定の適用を求め，修理・メンテナンスの項目についても3ヵ国が同様の措置を求めている。さらに GATS はすでに有効な二国間協定ないし多国間協定に規定されている加盟国の義務を減じたり変更したりすることが許されていないし，GATS に関する異議の抗告手続きは，既存の航空サービス協定の取り決めによる解決が不可能と判断された場合に，初めて利用しうることになっている。

　国際航空の制度の改変に関して GATT/GATS タイプの戦略を用いることの利点は，航空に関する発展を他の経済部門の発展と結合できるという点である。これにより国際貿易の交渉をより広義にわたる問題として提示し，複数の経済部門にまたがる効率性を改善する機会が与えられることになる。たとえば伝統的に航空政策に関しては保護主義的なアプローチをとってきた国々でも，もし複数の経済部門に及ぶ自由化を通して一国全体の厚生を高めることができると考えるならば，航空部門に関してより自由主義的なアプローチを採択したいと考えることも充分ありうるからである。この種の（個別部門と全体の利害に関する）トレード・オフ関係は有形の商品，無形のサービスいずれにも有効であろう。

　GATS に関して現実の困難な問題が発生するのは，民間航空に対する適用免除の要求にみられるように，とりわけ最恵国待遇の原則に関してである。この原則によれば，ある一国が他の一国と最も自由な形で交易権（the trading rights）を調印する場合，その国は他のすべての調印国に対してもその自由な交易権を与えなければならないことになっている。しかしこれは互恵主義（reciprocity）を意味するものではない。したがってもしある国が他の一国と極端に自由な二国間の航空サービス協定を交渉するならば，他の調印国は，自

国の空域に関して参入あるいは他の規制を何ら緩和することなく，問題の市場に自由に参入することが可能となる。このことは基本的にフリー・ライダー問題を引き起こすことになる。それゆえ，強力な二国間協定を締結できる状況におかれた国々はGATSの構造の下で民間航空の問題を取り扱うことをむしろ潔しとしないであろう。

　さらにこの問題は国家間の取扱原則（the National Treatment principle）に関しても重大な問題を引き起こすことになる，すなわち貿易の当事国は，自国が自国の航空サービスの供給者に対し与える水準を下回ることのない待遇を，他の複数国の航空サービスの供給者に与えなければならない，ということになるからである。このことはカボタージュとして維持されている国内航空市場を国外の航空会社に開放することを意味するであろうし，それは，国際市場がより広範囲にわたって自由化するのでなければ，比較的に大国と称される国々にとって恐ろしく受け容れ難いことであろう。GATSの構造には以上のような一般的義務に関する問題のほかに，市場へのアクセスや事業の設立の権限に関するような個別の問題についての拘束があり，これらはいろいろな方法で適用される。各国は現在，これらの拘束を満たすために供給方式に関して各種の選択を行うようになっている。今後，具体化すると思われる可能な選択の数が多ければ，この種の手続きを一層扱いにくいものとし，GATSの構造の中で国際航空を自由化する選択を縮小することになろう。

　GATSは現段階では国際航空に対し微々たる効果しか上げていないが，長期的には，比較的多数の国々にとって二国間構造および地域間構造を通して始まった自由化の拡大のために有用な補完的役割を果たすことになろう（Marconini 1995）。GATSはまた，有形財および（より限定的ではあるが）サービスの取引の自由化において成功をおさめてきた国際的な取り決めの既存の構造に適合している。

　このようなGATSの将来の役割に期待しうる多くの可能性が存在する。たとえばおそらくはより自由化されかつ調和のとれた二国間のサービス協定を通して，航空セクター内の互恵主義が発展し，その後，国家間の取扱い原則が条

件付きで適用される可能性がある。またこの条件付きの適用が実現すれば、それに続いて国家間の取扱い原則の自動的な実施につながる可能性があり、またこの制度が航空部門の枠組みから多部門の枠組みに拡大し、そして二国間構造からより広域の地域的アプローチに発展することが考えられる。

3. 制度的改変の基本分野とその方向

　より詳細に見れば、国際航空を対象とする制度的な改変はいくつかの重要な分野を有する。すでにみたように制度的な改変はそれぞれの仕組みによりそれぞれ独自の問題と特質を持っている。またこれらの分野ではそれぞれ多様な方向で改変を進める可能性を有しており、以下においてはこのような制度改変の方向性についてその概略を述べることにする。

航空サービス協定

　二国間で航空サービス協定を結ぶという制度は最近、かなり変わってきている。伝統的な二国間構造は、EUおよび南アメリカの一部においては多国間構造に取って代わられており、そして一連のオープンスカイ政策が特定国間でより自由な二国間協定を生んでいる。さらに、より伝統的な二国間協定の中で、複数社指定のような特質を持つケースが増えている。

　このような変化は、航空部門における急速な技術的変化および航空サービスに対する需要の増加に対応するために必要であった。しかし第2章でみたように航空サービスに対する市場に影響を及ぼす、とりわけ需要サイドの一層の発展が考えられる。この種の問題につきものの不可避的な不確実性に対処し、また国際航空の効率性を改善するためには、適切な制度上の変化が求められる。二国間の航空サービス協定は国際的な航空輸送を管理する制度的な枠組みの中で中心部分を形成することは間違いのないところであるが、来るべき数十年の間に発生する新たな問題に対処できるよう航空サービス協定自らが発展する必要があろう。

最近の状況についてみると航空会社は，しばしば，二国間の航空サービス協定の制約が航空会社に課してきた営業上の問題点を解消する方策を模索している。とりわけ——なかんずくコード・シェアリングおよび相互所有（cross-ownership）の取り決めを含む——戦略的提携の設立が，今や国際航空輸送部門の一つの重要な特質になっている。この種の戦略的な提携は，比較的に柔軟な対応が取りやすいので，企業の内部的拡大，合併あるいは企業の取得のようなルート・ネットワークを拡大する他の方法よりも明らかに有利であるといえよう。しかしながら既存の航空サービス協定や所有制限により拘束された市場においては，戦略的な提携のみがしばしば唯一の利用可能な商業的選択である。かくして多くの場合には，戦略的な企業提携が航空会社間のシナジー効果を実現する最も効果的な方法であるとはいえ，合併や買収のほうがより効果的である場合もあろう。しかしその場合，もし後者の選択が制度上許されなければ，企業提携がセカンド・ベストの選択となる。

しかしながら，企業提携——あるいはその特質を持つもの——は，二国間構造のなかでのより幅の広い交渉過程の一つとして受け入れられるにすぎず，二国間構造そのものが他の制約を課すということも起こりうる。同様に企業提携は相互に共通の利害を持つ他の航空会社を見出せる場合に成立する関係である。さらに企業提携は，その拘束的な性質はゆるいものであるだけにたとえば所有の変化などにより崩壊するリスクは相対的に大きい。失敗に帰した企業提携の数がきわめて多数にのぼるということは，この企業提携がまだ学習過程を経験しつつあるということを反映するだけでなく，時にはシナジー効果が期待したほどではないということを暗示するものでもある（Coltman 1995）。以上より，航空会社間の企業提携は航空輸送システムにかなりの柔軟性を導入したけれども，それには限界があるといえる。

航空サービス協定を今後一層発展させるについては，広義に解釈して二つのアプローチが存在する——二国間協定の制度を一層洗練されたものにするアプローチと多国間協定を締結するアプローチである。この二分法的な方法の中にはいくつかのバリエーションも存在し，それぞれが利点と不利点を持つ。

Doganis (1993) は二国間協定に属するいくつかの方法について詳述し，Kasper (1988) と Levine (1993) は多国間協定に属するいくつかの可能性を考察している。

主なアプローチとその長所・短所は以下のごとくである。

——既存の二国間協定の制度。この協定の内容はルートによりかなり異なり，またすべての細目が常に透明というわけではない。この制度はシカゴ会議以来展開されてきた確定的な制度である。これの長所は実施面での柔軟性にあり，参加国は自国の空域において伝統的な管理権を保有する。現実的にこの制度は多くの国々にとり良く知られた内容を持ち，そして多数の同意者を新たに必要とはしないので一般的に変化がわかりやすい制度である。しかしながらこの制度は個々のルートあるいは少数のルート・グループに焦点を当てているので国際航空サービスのネットワーク全体に関して高水準の効率性を手に入れることが困難になる恐れがある。

——二国間協定の枠組内での自由化。二国間協定が再交渉される際に，明確に定義された標準的な用語を用いた特別の規定が盛り込まれることになる。そのような規定の中にはオープン・ルートの交換，自国の複数社の参入，輸送容量の自由，旅客運賃の自由，完全な第三および第四の自由権等々が含まれる可能性がある。この型のアプローチは，基本的な構造を破壊することなく，現行の異質な協定制度の中にある程度の統一性を導入する利点を持つ。しかしこの選択の問題点は，全参加国およびかなりの国が容認する，現実的に重要な，共通の考えというものはまず存在しないということである。

——先行部門アプローチ。このアプローチでは貨物とかチャーター・サービスのような特定部門の市場がまず自由化され，これがその他のサービス部門の自由化の基礎を与えるというアプローチである。この場合の利点は，ある程度の同意に達する共通の理解が存在する分野で効率性を高め，そしてそれでもってその後の自由化過程の拡大に向けてデモンストレー

ション効果を与えるという利点である。とりわけ、チャーター便と定期便の区別がますます薄れ、また貨物輸送が急速に成長しつつある現状の下では、チャーター便と航空貨物市場における自由化は重要な付加効果（the add-on effects）を持つことになろう。
——回廊の自由化。これは一つないし複数の主要な回廊——たとえば北大西洋——上を運航する航空会社がその特定の市場に限って自由化しようとするケースである。これは上述の先行部門アプローチを空間的に限定した変形であるとみなすこともできようが、多数の国々にまたがる協定を含むという追加的な問題を抱える。さらに間接的なデモンストレーション効果を別とすれば、一回廊の自由化が他の回廊の自由化に拡大していくメカニズムを考えることは困難である。
——地域間の取り決め（region-to-region arrangement）。たとえば、NAFTA加盟国とかEU諸国のように国際航空に共通の関心を持つ国々が形成するグループ間の交渉により単一の、より広域の航空市場が生まれる可能性がある。これが実現すると、もともとは複数グループに所属していた国々が合体し、特定のグループ内ですでに実現している自由化をより完全に享受することが可能となろう。しかし可能性のある問題としては、このケースにおいては、巨大な地域ブロックを形成するが、この枠の外にこの地域的なグループに入らない諸国が取り残されるという事態が考えられる。
——オープンスカイ協定。契約国に所属する航空会社は国際的な交通に対し自由に競争することが許される。この協定はいくつかの形態をとることが可能である。現在、米国が採用している比較的に限定された二国間のオープンスカイ政策のタイプから、特定グループに所属する国々の間では完全に自由なアクセスが許されるタイプまでさまざまである。この一般的な型のアプローチは国際市場とは独立して国内市場を規制できるという強みを有している。
——段階的多国間主義（複数国間主義）。これは、オープンスカイ型の交通

市場を創設する国家による，単一のコアから徐々に分岐していく組織である。この組織への参加については新たに参加する国家が既存の参加国の合意を必要とするか，あるいは単に既存の条件に合意すれば参加できるかのいずれかである。この制度は，考え方の類似した加盟国をかなり迅速に一体化させることができ，またあまり気乗りのしない国家をして無理やり政策の急激な変化を強いるということは避けることになろう。後者の気乗りのしない国家は自ら適当と判断する時点でこの組織に参加することができよう。なお問題の関係国は隣接国同士でなく，この組織には参加していない隣国との間で利害関係が対立するという問題点がある。さらに国際航空に（組織上の）経済性が存在するとしても，非加盟国がのちの段階で問題のコア国家に参加して自国の航空産業を充分に発展させることが困難な場合もあろう。

――完全な多国間主義。この制度の下では，いかなる参加国においても各航空会社は国籍にこだわることなく旅客を求めて競争することが可能となる。この制度は国際航空市場において航空サービスの供給を自由にすると同時に，すべての航空会社に対しカボタージュの開放を引き出すことになろう。この制度は最大の経済効率をもたらす究極の自由市場の状態であるが，国家主権の喪失とか便益の不均等な分散が起こりうるなどの理由により，政治的には近い将来，世界的な規模で導入することは困難であろう。ひとたびこのような考えがまとまってもこれを大規模な多国間協定に対応する制度上の変化を実現させるという現実的な問題が存在する。最近のGATS交渉の経験はこの種の難しさのいくつかの問題点を浮き彫りにしている。

以上に述べた各種のアプローチは，もちろん，相互に排他的なものではない。たとえば上記の段階的多国間主義，地域間の取り決めさらにはより自由化された二国間協定等を組み合わせることにより，より迅速な制度上の変化を与える可能性が生まれよう。たとえば，既存の地域的な取り決めを現行の非加盟諸国

にも適用し（たとえば，現在すでにノルウェーとアイルランドを含む EU の取り決めを他の非 EU 諸国にも拡大するようなケース），同時に蓄積した経験を地域グループ間の自由化のために利用することが考えられよう。これらの制度の枠外に位置する国々は，完全な資格でもって参加することを望まないとしても，彼らの望む形で二国間協定を交渉する機会を持つことになろう。おそらくこの種の問題におけるキー・ポイントは，教義的な解決策を求めることは回避し，むしろ現実的な前進の方策（pragmatic ways forward）を求めようとする対応にあろう。

自由化というものは，複雑なそして潜在的に厳密な行政を考える場合に求められる必要条件のうちいくつかのものを除去することになるが，より柔軟な制度的構造を持つ政策は，結局，紛争処理のために別のアプローチを必要とするかもしれない。たとえば国際航空市場の多くの部分でカバーする既存の二国間の取り決めは広範囲に及ぶ，そして技術的に高度な紛争解決機関を必要としない――関係各国は相互の同意を取り付けなければならない。シカゴ会議において調停者としての役割を与えられた ICAO は，過去の紛争時におよそ利用されたことがない。各種のタイプの多国間協定が具体化しつつあるより自由な市場は，この分野における新たな問題提起を行うものといえる。現段階においては，起こりうる紛争を処理するために設けられた公認の機関あるいは制度というものは存在しない。もっとも特定地域内（たとえば EU 内）に限定した機関は存在するが，特定地域外の諸国との関係の処理方法については明らかに問題がある。1995年には，EU 加盟諸国の外部への航空政策については誰が司法権を持つのかが問われたが，まさにこのことが現行制度の問題点を物語っている。

所有問題

国際航空の所有に関する問題は次の三つの事柄について重要である。すなわち一つは，公的所有・私的所有の問題，第二は航空会社の外国所有をどの程度認めるかという問題，そして第三は，便宜置籍所有の実践から派生する潜在的な問題である。

参入・撤退問題および構造調整の章で論じたように，所有の変化を考えておくことは将来の国際航空をより柔軟なものにするために重要であろう。さらに航空会社に対する所有の管理は一国の航空政策にとり重要な意味を持つ。各国は自国内に本社機能を持つ航空会社を保護する傾向があり，また航空サービス協定交渉および補助のような事柄に関する国際政策もその方向で指導する傾向がある。

OECD 内部の主要な国際航空に従事する航空会社では，私有制の下で実現する効率性の利益を入手するために一層，私有制に向かう傾向がある（たとえば1987年の BA の民営化，1995年の Qantas と Lufthansa の株式の売却（public sale），その他多数の小規模な私営の航空会社による定期国際便の提供）。航空輸送のインフラストラクチャーもまた限定された形で民営化が行われている。たとえばイギリスの主要な空港は1987年に民営化され，カナダおよびドイツでは少なくとも少数の空港を私的部門に転換しようという提案がなされている。同様に最近では，イギリスおよびアメリカ合衆国において航空管制システムの民営化すら検討されている。このような政策の再検討は，既存のインフラストラクチャーの経営効率を高めたいとの願いとともに，新たなインフラストラクチャーへの投資のための追加的な資金を誘引する財政的な願いに基づくものである。

国際航空輸送の部門において一層，私的所有が進むと，これにより産業構造のリストラクチャリングは容易になると考えられる。民営化は国際航空の一般的効率を高め，そして伝統的に特定の航空会社を支援するために用いられてきた公有制度に根ざす多くの国家干渉を除去することになる。しかしながら商業的基準に基づく高度の意思決定を通して経済的便益を手に入れるためには，——国際航空に従事する会社の私的な株式保有を高めるだけでなく——民営化が会社の管理そのものを私的な投資家に有効に移転することが保証されなければならない。

民営化は国際航空に従事する航空会社に，より多くの外国資本を誘引するメカニズムでもある。これまでおよそ株式の過半数所有を許可したことのない多

くの国々が，今や徐々に彼らの国の法律を変更し，自国で登録された航空会社についてある程度の外国資本による所有ができるようになっている。すでにみたようにこのことは国際資本のより効率的な流れを可能にしただけでなく，たとえば航空サービス協定に関していえば国際航空サービスに対する市場での取引障壁を減らそうと意図した他の変化に伴う重要な付随的結果である。外国資本による所有水準を統制する行為は国際的な航空会社の効率的な発展を制限するもの，とりわけ国際市場を包むネットワークの進展を制限するものと見なされている。外国資本規制の緩和は，たとえ合併が望まれない場合ですら戦略的提携の手段を通して，ネットワークのシナジー効果をより充分に享受できることになろう。

　外国資本による所有規制が緩和され，二国間の航空サービス協定が増える場合の他の一つの問題は，これまで世界の商船の大部分がやってきたように航空会社が航空機の「便宜置籍」を行う可能性があるという問題である。基本的に航空会社は，理論的に考えれば低率の課税制度を実施し，労働力および他の生産要素を最低のコストで提供する国で会社登録を行うことになろう。機材と乗務員に関するウェット・リース市場の出現が，航空会社による便宜置籍の行為を特にやりやすくしている。便宜置籍行為による船舶の運航費が他の登録形式の下での運航費よりも安くつくという事実に習って，航空会社も運航費を最小にするために便宜置籍の登録戦略を採用することが考えられる（Button et al. 1986）。

　しかしながら便宜置籍に関するこの種の展開は，離籍国の側での収入の損失とともに，安全性，環境およびその他の社会的な問題を発生させることになろう。ある場合には国家主権の問題や一国の本国で航空会社の会社登録を行わせるという国家の威信にかかわる問題は国家にとり重要である。これらの問題のうち，たとえば税収の希釈化のような問題は広範囲にわたる産業に共通の問題であり，国際航空の領域を超えた政策決定の問題である。また他の場合には，たとえば安全性，治安，環境の問題は（国際航空にとり）より特殊なかかわりを持つものであり，また総合的な国際政策の主導性にかかわる問題である。

この際，国際航空に問われるべき制度上の問題は，国際的な資本移動がもたらす便益を享受しつつ，同時に便宜置籍問題を回避できる方法を見出すことである。しかしながら，安全性や環境問題に関してより自由な環境を整備するということは，関係各国が適切な（安全および環境）基準を維持する努力をしなくて良いということを意味するものではない。関係各国は自己の空域において主権を享受し，そしてICAOで合意された国際的基準を自己の空域で遵守することを強制するために各国の主権を用いることができるのである。他方，タックス・ヘイブンの問題は国際航空に固有のものでなく，広範囲のサービス部門（たとえば国際金融）にまたがる問題であり，したがってより広い国際的な枠組の下で取扱うことが可能である。

国庫補助および他の財政的救済措置

これまで航空部門においては広範囲にわたって国庫補助が行われてきた。ある場合には航空産業の構造改革のために国庫補助が与えられ（たとえばEU内部の補助），ある場合には内部補助（たとえばCivil Reserve Air Fleetプログラムに航空会社が参加しやすくするためのthe Fly America Program）を許可し，また時には僻地のコミュニティーへ航空サービスを確保するための社会的補助を供与する場合もある。これらの国庫補助はそれぞれ金額（the intensity）と形態が異なるが，一般的に市場の機能を歪めるということは良く知られており，原則的には，より良き代替手段が存在しないきわめて特殊な目的を果たす限定された場合に限って，この種の補助が与えられるべきである。さらにこれらの補助が与えられる場合には，その補助は効果的に使用される必要がある。

国庫補助に関する現行のアドホック構造は，全体的な効率を高めるためにはほとんど役に立たず，また国際航空部門に固有の望ましい目的を実現するものとも思えない。自由化が行われると，いくつかの航空会社は財政的に困難な状態に陥るので，とりわけ構造改革のための補助を求める社会的および政治的圧力が高まる。しばしば政府が行う構造改革のための資金提供は，一般の商業金

融と異なり，債務不履行に伴うリスクが存在しない。多くの場合，事前に設定された受給基準を満たすことを条件として自国の航空会社に与えられ，その受給基準は，金融業界の適格基準というよりはむしろその定義からして官僚的に定められた目標にすぎない。ある場合には，たとえばEUの補助のように，構造改革のための資金調達が競争条件を歪めることのないよう配慮されることもある。とはいえ非商業的な基準に基づいて補助金を注入し，しかも市場に参加する特定の業者に限定して補助金を与え，なおかつそれが総供給量あるいは相対的な市場シェアに一切影響を与えないという状況を考えることは困難である。

　このような状況の下で選択しうる一つの方法は現状維持の選択である。しかし，この方法は政府の補助が必要な産業構造の改変を遅らせる危険を伴うので非効率的であり，また政治的に意見の分かれるところである。しかし現状維持の方法には長所もある。すなわち民営化の傾向は今後も継続するので，いくつかの国々で確認される航空会社にとっての最後の資金的な拠り所としての政府の役割が自然な形で今後減少することになるだろうという点である。民営化された航空会社は，日常の業務および長期的な計画においてともに市場のルールの下におかれる。さらにリストラクチャリングを目的として国庫補助が与えられる場合ですら，金銭の支出方法に関する政府の監視がより一層厳しくなり，そしてより多くのサンセット規程が適用されて補助を継続できる見込みが薄くなっている。

　他の一つの重要な，過渡的な選択は，補助の減額手続きを早め，特定の構造改革の目標が特定の期日までに完了できることを条件に受給者を限定する方法である。これを実施するためには，まず最初に，補助の内容，補助の数量化の方法，およびその後継続すべき補助の配分および管理の方法について合意が成立していなければならないであろう。この種の制度の改変に伴う取り決めは，今後航空会社の民営化を一層進める場合，あるいは航空サービス協定を自由化する場合に必要となる他のイニシアチブとの関係でとりわけ重要な意味を持つであろう。

　ところでそう多くはないが，遠隔地のコミュニティーへ最低限度の航空サー

ビスを確保する場合のように，商業的基準ではなく社会的な費用便益基準により選択を行うべきケースも存在する。この種の，そしてこれに類似する目的を満たすサービスの供給制度が効率的であるためには補助基準の適用に関して統一性がなければならず，また決定基準の適用は透明でなければならず，そして市場への歪みを最小に抑えるため補助は効率的に使用されねばならない。

現在，社会的な理由により航空サービスに国庫補助を与える場合，そのほとんどは国内サービスを対象としているが，貿易の自由化にみられるように，僻地およびそれに類する地域への国際航空としての不採算サービスに補助を与えることが妥当であると判断されるケースも起こりうる。

社会的航空サービスの制度を維持する方法にはいくつかの可能性がある。一つの選択は，複数ルートの法的独占権についての同業者の了解を得ておいて，他方ネットワーク全体を適用範囲として内部補助を用いる方法である。しかしこの方法は透明性に欠け，また効率性を高めるものでもない。他の一つの選択は交通インフラの補助である。しかしこの方法は，問題の施設が商業目的と社会目的の両方に対して利用される場合（市場への）歪みをもたらす可能性がある。さらに他の一つの選択は直接補助であり，これは入札制を通して交付する場合に透明性と効率性の両面で最も良い結果を与えるであろう。

カナダやアメリカ合衆国で実施される補助計画に加えて，航空以外の産業部門から得た資料によれば，個々の地域社会の特定のニーズを満たそうとするローカル補助は，補助にかかるコストを低水準に抑えかつ地域のサービス要件を満たすという意味で顕著に優れた制度であることを知る。さらにもし最も効率的な航空会社が航空サービスを提供することが期待されるフランチャイズ制度を通してこれらの補助が交付されるならば，これらの補助から引き出される便益は一層大きくなる。これにより資金に余裕が生まれ，それを他の経済部門で使用することが可能となる。

民間の航空会社が極端な赤字経営に陥り，しかも直接的な政府補助を得ることができない場合には，これらの航空会社は国が定める破産措置法の下で運航を継続する可能性はある。これらの措置法の内容は国により異なり，これがあ

る程度，市場の歪みにつながる可能性がある。とりわけ本来なら運航を中止しなければならない非効率な航空会社が，その後一定期間運航を継続することにもなる。もっともここに生ずる市場への歪みがどの程度のものかは，第3章でみたように明確ではなく，ある程度，論争の余地はある。破産措置の取り決めの効果を論争するにはさらに多くの数量的情報を必要とする。しかしこのような破産措置の仕組みは通常，一国の一般的な経済的・法的枠組の一部を形成し，航空部門に固有のものではないので一国の破産制度の改善は困難な問題である。

競争政策

競争政策の制度的な改変は二つの次元で問われる。第一は基本的に国内の競争政策に関するものであり，これらはさらに特定の経済部門に固有のものと，より一般的なものとに区分される。第二は国際的な次元の競争政策に関するものであり，国家的な政策間に起こる矛盾を減らす必要がある。

独占権，略奪的行動，共同謀議というような，多くの国内の競争問題は一般的な性格を持ち，特定の経済部門の枠を超える問題である。しかし一つの産業が一般的なルールの適用を不適切とか非効率なものと考える特質を持つ場合には，特定の経済部門に固有の政策が必要になる。国際航空のケースにおいては，複数の国家にまたがる広域の地域全体を通して特別の関心を引きつけてきた多くの問題領域がある。たとえばCRSの利用にかかわる共通コードの使用は，スクリーン上のバイアス問題を減少させるのに役立った。標準的な競争政策を持つ多くのOECD諸国ではいろいろの行動を選択することが可能であったと考えられるが，コード化により，多くの法的手続きの下で当時発生したと思われる高額の取引費用を除去することができた。

制度上の改変に関する選択問題は，ここでは基本的に，航空に関係する特殊な国家政策がどの程度必要なのかという問題に焦点をしぼっている。またその際の判断は，設定された目的を実現する場合の政策そのものの効率性に依存すべきである。特殊な政策は，目標となる問題に方向づけられるという利点を持つが，この特殊性のゆえに，一国のより一般的な競争政策の掲げる目標と相容

れないという問題が起こりうる。たとえば特殊な政策は，航空に対する代替的な交通手段を競争的に有利な立場あるいは不利な立場に誘導するかもしれない。さらには挙証責任に関する問題もある。一つの選択は問題の産業にその挙証責任を負わせることである。しかしこの方法は航空のようなダイナミックな経済部門の発展を窒息させる可能性があり，またケース・バイ・ケースの個別基準で行政的に処理することは高くつくであろう。これに代わる方法は挙証責任を政府が引き受ける方法である。これは干渉の失敗 (intervention failure) が発生する可能性を小さくするが，しかし反面，反競争的な行為を抑制するために細部にわたって法的に規程するという問題が生まれる可能性はある。

　航空部門に適用される一般的な競争政策といえども国により異なる。たとえばイギリスでは EU の競争ルールが適用されるが，しかしこの国における航空輸送は拘束的な取り決めに関する法律から除外されている——もっとも産業大臣 (the Secretary of State for Industry) が独占の問題に関して言及することはできる。ドイツでは価格の勧告に関する禁止事項は，空港における特定のサービスを供給する企業の連合体には適用されない (OECD 1995d)。この分野の行動に関しては，1986年以降，単純な通告のやり取りが行われて，そして多くの二国間協定が結ばれてはいるが，国際レベルの規則は未だ充分でない。たとえば決定を行う場合の手続き，期限およびその基準については各国でかなりの差がみられる。いずれにせよ，以上のような問題が国際的な競争法に関する一般的な問題であり，これらが貿易や投資のコストに加算されることになる。

　以上のような比較的広範囲に及ぶ分野で実現できる制度的改変は航空の分野を超える新たな課題が，その改変の内容を制約する。いささか明るい徴候としては，この種の問題がより体系的に述べられるようになってきたこと，そして競争政策の面では二国間協定が増えてきていることを指摘することができる。さらに今後は，競争政策の国際的な一元化に関して OECD で現在検討中の，二国間協定の深化問題と EU により開発された多国間構造 (Commission of the European Communities 1995) が新たな方向を提示するであろう。

　制度的な改変を行うにはいくつかの方法を選択することができる。一つの選

択は現行のプロセスを継続することである。他の一つの選択はより急速な進歩を求め，すでに OECD が追求する路線に沿って開発国全体を対象とする競争政策の一元化を育むよう新たな手段を模索する方法がある。この第二の方法では，まず競争政策の特殊問題について責任を明確にする必要があろう。その際，反独占規制に対処する基準をより透明にし，さらにまた各国の競争ルールの現実の適用をもより透明にすることができれば，OECD 関係国全体の競争政策をより一層首尾一貫性のあるものとするのに役立つであろう。制度的な改変という長期の問題に対し選択しうる他の一つの方法は，まず地域的な取り決めを深化させ，そしてその後，地域を拡大するという方法である。なおその際，非加盟国の OECD への参加の承認および地域間の協定の締結という手段を利用することが考えられる。他の一つの可能な選択は，既存のコードや実施方法（たとえば CRS の使用に関するもの）に基礎を置く多国間協定の締結である。

インフラ設備へのアクセス

航空サービス協定により航空サービスの供給が可能である場合でも，インフラ容量およびそれへのアクセスが制約されるならば国際航空サービスの効率的な供給は実現できない。空港，航空管制およびその他の基本的なインフラ要素が拡大され，近代化され，そしてこれらの施設の管理技術が改善されてはいるが，構造調整の章（第5章）で述べたように，制度上の視点から制約がある場合にはインフラ施設の効率的な利用が制限されることになる。

最近，インフラ施設へのアクセスに関する制度上の取決めを改善するため，いくつかの新しい決定がなされている（たとえば EU のスロット配分基準の導入および米国のいくつかの主要空港において認可されたスロットの売却）。しかし未だにいくつかの問題が残っている。いまこれらの問題のうち空港のスロットの配分問題に焦点を当てて問題解決の可能性を考えてみることにする。

───既存の自主規制制度 (the self-regulation system) の継続。米国以外のほとんどの空港で実施している空港スケジュール委員会によるこの自主

規制は，主たるプレーヤーをスロット配分問題に直接かかわらしめ，そして航空会社が空港のネットワーク全体を考慮して離着陸のニーズを調整する機会を持つという利点を有する。しかしこの制度はしばしば，新規参入に対する枠を排除したり，少なくとも制限するような問題点がある。さらにこの制度は市場論的アプローチをとるものではないので，交渉の過程でスロットの有するコストが適切に考慮されないという難点がある。

——スロットの行政的配分。理論上考えられる選択の可能性は，航空会社よりも広い社会的ないし経済的目的をかなえるために政府の規制関係機関が行政的に配分を実施する方法である。しかしこの場合の困難さは情報と管理の問題である。航空産業は複雑な航空サービスのネットワークを供給しており，これらのサービスは複数の空港が決定する事柄に依存している。したがって航空便の運航に求められる巨大な量の細部にわたる事項を前提とすれば，このようなスロットの配分行政システムを運営するためには大がかりな官僚組織を必要とするであろう。現在，航空会社は空港スケジュール委員会の制度の下でこれらの費用を効果的に内部化し，極小化している。

——空港スケジュール委員会に対する行動規準の設定。このような行動規準を設定することにより上記の自主規制アプローチと行政的配分構造の二つを合体させることができる。これにより決定のプロセスでスロットのコストをより充分に反映させることができる。ほとんどの空港スケジュール委員会はすでに IATA 基準（たとえばスロットの使用期間，「不使用に伴う利用権の喪失」，および既得権（grandfather rights）に関するもの）の下でスロットを割り当てており，ヨーロッパでは EU が，新たな参入者の市場参加を容易にするよう意図した追加的なルール，すなわち Council Regulation (EEC) 95/93 を適用している。しかしながら Gatwick 空港と Heathrow 空港等の実証結果によれば，より自由に有効な参入を実現するためにはこれらの規準（codes）を改善する余地があ

ることを知る (CAA 1995a)。

――希少なスロットを配分するための経済的プライシングのより有効な利用。この方法は希少な容量をより効率的に利用するように仕向けるであろう。この場合，会計的なコストよりはむしろより厳密には経済的コストに関連するピーク時の割増運賃がこの方法の基本的な特質である。一般的にいって滑走路のコストは航空機の場所的な移動に関係し，ターミナル・コストは旅客のスループットの大きさに関係する。経済的な価格制度においてはこの事実が反映されるべきである。この際の困難な問題は空港というものの適切なコストの定義であり (Oum and Zhang 1990)，そしてまた多くの時間帯を通して航空サービスを提供する航空会社の特殊なニーズを考慮し，しかも発着の運賃制度を考案する問題である。発着時間の間隔 (windows) も小さいものでなければならない。現実的にみて効率的な運賃制度は行政的な管理と一体化する必要があろう。

――スロットに対する競売制の導入（所有権アプローチ）。この方法はインフラ容量をより一層競争的な枠組の中で配分しようとするものである。航空業においてはバンキング（ほとんど使用しないスロットを長期間にわたって保有すること）という航空業に固有の問題が発生するが，このような行為を少なくするいくつかの競争的方法が存在する。しかしスロットの非分割性の問題は残り，したがって競売制はどのようなものであれ相対的に複雑な一連の運用基準を問題にせざるをえないであろう。

――第二次的なスロット取引。これは事前に配分されているスロットについてその後，売買ないし交換することを意味する。1980年代の多くの米国の空港で導入された制度のように，ある場合には取引のタイプが制限される。スロット取引は，とりわけ既得権として割り当てられているスロットについてこれらをより効率的に使用することを可能にし，またこの方法により新規参入の余地を確保することができる。もっともスロットの利用には「不使用に伴う利用権の喪失」という拘束条件が存在するが，既存のスロット利用者が新規参入者あるいは既存の競争相手によるスロ

ットの取得を妨げる場合にはスロット取引の効果にも限界がある。技術的な問題としては，シカゴ会議が，空港へのアクセスがすべての参加者に平等の条件で開放されるべきことを条件づけているので，スロット取引はシカゴ会議に違反するという困難な問題が残されているといえよう。

航空の分野においても他の分野におけると同様，インフラストラクチャーの効率的な配分という問題を抱えている。新たなインフラ容量が追加され，また既存のインフラがより多くの交通量を受け容れる能力を高めてはいるが，それでもなお容量の効率的な配分を実現する政策が求められている。交換とか価格制度というものを航空会社の経営の有する機会費用をより明確に確認させるためにより効果的に利用することが可能であるが，しかしスロットに対する所有権の競売というようなアプローチは多くの状況の下で深刻な問題を提示する。

4．より広い制度的改変に向けて

OECD内の国際航空市場における変化が効率的でなければならないという問題に加えて，OECD市場にとり内部的あるいは外部的でもある，より広い分配上の問題がある。

分配上の問題

国際航空は，現在主要なリストラクチャリングを経験する唯一の産業ではない。他の産業にみられる状況から，各産業は独自の制度的変化を経験し，あるいは現在経験しつつあるが，その際，共通の重要な特質がみられる。それらの共通の特質の中で最も良く指摘される問題は，制度上の変化により不利な立場におかれる人々がこの変化の期間を通して何らかの保護ないし補償を求める問題である。当然のことながら制度上の変化により不利な立場におかれる人たちはある程度の補償を手に入れる。この種の補償ないし暫定的な保護は，部分的には移転支出を意味するが，これが問題の分野の効率にとりマイナスの結果を

与える場合があり，このような結果は最小限に抑えねばならない。

　航空市場についていえば，国内航空のレベルで制度上の制約を取り除く変化が，「市場を求めての競争」および「市場内での競争」にどのような影響を与えるかを一般化することは困難である。たとえば1978年の米国における航空規制緩和法の成立後，1978年には34万人であった航空産業の雇用量は1987年には45万人に増加した。しかしこの雇用量の増加の背後では航空産業における従業員の実質所得が相対的に低下し，同時に就労条件の実質的な変化がみられた。もちろん，この制度上の変化が生じた時点でのマクロ経済の状況もこの制度上の結果に影響している。一般的にみて1990年代初期の経済不況の際に航空会社は労働者の雇用量を減らした。しかしこの減少分を，EU内の市場の自由化という制度上の取り決めの変化から算出することは困難である。自由化に起因する生産効率の向上が，技術の改善――これによりたとえば航空機の乗務員の必要人員を減らすことになる――と相俟って航空部門の労働市場に短期的な影響を与えることが考えられる。しかし長期的には，もしリストラクチャリングが航空運賃を引き下げ，消費者の欲求によりかなったサービスを提供するならば，追加的な輸送需要が生まれ，これにより雇用水準を高めることになろう。さらにその際，より効率的な航空輸送産業が観光業とか他の輸送インテンシブな産業における雇用を刺激する場合には，第二次の，そしておそらくはより重要な結果がもたらされるであろう。

　短期的には（自由化に伴う生産効率の向上により）国際的な航空輸送部門の労働力が部分的に不利な結果を受ける可能性はある。ある種のケースでは，たとえば自然に発生している浪費を若干調整しつつ，制度上の改変の過程は段階的に進めることにより不利な社会的費用をより小さくすることも可能である。しかし制度上の改変のためにあまりに長い時間がかかりすぎると制度上の改変の第一の目的である，産業の効果的なリストラクチャリングに反することになりかねない。リストラクチャリングを引き出す制度上の環境が整備されれば資源全体の利用がより効率的になり，これがすべての経済部門を対象とする資源のより大きな利用機会を与えることになろう。

国際的なレベルで考えれば，有効競争の下では比較優位性が究極的に制度上の改変がもたらす分配上の効果を決定することになろう。市場への参入・撤退および市場内での競争に対する過度の制約を除去すれば，これにより新たなビジネスが生まれることになろうが，しかしその場合でも絶対的条件においてこの利益を受けられない航空会社も存在するであろう。制度的な改変の取り決めではこの事実（絶対的な敗者の存在）を無視することも可能であろう——これは一つの選択である。しかしいくつかの政府は損失を被る航空会社に長期的な財政支援を与える機構を設置したいと考えるかもしれないが，このような行為は制度的な改変により実現する効率性を低下させ，国際航空の長期的な発展を抑制することになろう。

他の一つの選択は，航空会社が構造上の調整を完了するまで航空会社を保護する短期的な制度上の改変を容認することであろう。このアプローチは，本書の補助の部分で論じたように，適切な目標を定め，監視機構を設置し，そして暫定的なサンセット規程というものを定めておく必要があろう。この方法は，歴史的な理由により不利な立場におかれている特定の航空会社が，有効競争的な環境の中で徐々に自らを調整し，結局，長期的には市場の中で自己の役割を確立できる枠組みを提供しようとするものである。

グローバルな問題

国際航空は OECD 諸国の地域枠を超えて飛び交い，また多くの OECD に所属する航空会社はグローバルな市場で運航する。同様に OECD の加盟国は非加盟国の航空会社にとって重要な市場である。以上のような理由により OECD 内部の制度的な改変は OECD 外部で起こりつつある事柄とは別個に取り扱うことはできない。

この関連性は，すでに第2章で述べた概要——変化と不確実性——が航空産業の成長の将来のパターンを示す一応の目安として役立つ場合にはとりわけ明らかである。これらの将来のパターンを考慮して政策的な調整を企てる場合の困難な問題は，OECD 外部に多数のダイナミックな航空重視の国々が存在す

るが，多くの他の航空市場はOECD内部の市場よりも発展が遅れる傾向があるということである。たとえば中国のように航空市場の拡大が確認される場合でも，しばしばその拡大が（OECDよりも）はるかに低いベース・レベルからのものである。中欧および東欧の，以前の共産圏諸国のような市場では，現在，一つの主要なリストラクチャリングの段階が進行中であり，その結果がどうなるかは未だ不明である（C. Smith 1995）。また以前のソ連ではAeroflotの独占が220社ほどの航空会社に取って代わられ，その内の195社はロシア内に本社を持つ。これらのあるものは旧来のAeroflotの一部であるが，しかしTransaero社のように新たに設立されたものもある。

　これらの非OECD諸国の多くの国々は二国間協定のアプローチを通して，そしてしばしば幼稚産業の育成という理由でもって彼らの航空輸送産業を保護する傾向を有する。さらには自国の空域での主権を確保したいとか，一国のアイデンティティーのしるしとしてフラッグ・キャリアを使用したいという政治的な願望による場合もあろう。たとえこのような選択がかなりの経済的コストを伴う場合ですらそれを望む場合もあろう。それゆえ，1994年の第四回ICAO航空会議（the ICAO 4th Conference on Air Transport）にみられるように，これらの国々はしばしば急激な自由化対策に反対する。

　OECD以外のグループに所属する多くの航空市場の特質は，以上のように大多数の，主要工業国に所属する国際航空会社の市場の特質と異なる。ということは予測しうる将来においてグローバルな多国間協定のような航空政策が実現するとは考えられないということである。この際，グローバル産業にとって重要なことは，OECD内部で制度上の改変を行っておいて，OECDの非加盟国の航空会社が望む場合には，いつでもOECD加盟国間で締結されている協定にフル資格で参加できるようにしておくことであろう。

　制度上の改変を実現するにはいろいろのメカニズムが存在する。究極的にどのメカニズムを採用するかはOECDの加盟諸国の行動にもよるが，OECDに属さない諸国のそれぞれの企画や目的に依存するであろう。一つの可能性は，OECD諸国間の地域協定が発展するにつれて，非OECD諸国間に標準原理の

ようなものが受け容れられ，そしてそれにより広域の有効的な競争市場の中に標準原理が吸収されるという状況である。またある場合には，たとえば南米とか太平洋上の諸国にみられるように，すでにいくつかの地域グループが発展途上にあるが，このようなケースではこれらの地域グループが中心となって，OECD 加盟国が参加するグループの地域協定に究極的に調和・一体化する可能性がある。もし仮に他の選択すべき方法がないとしても上記に述べた方法のうちいずれの方法が成功するかは予測することが困難である。しかしいずれにせよ非 OECD 諸国の市場が各国の航空会社にとり重要である事実を考える時，非 OECD 諸国との対話を維持することが大切である。

参考文献

AIRBUS INDUSTRIE (1993), *Market Perspectives for Civil Jet Aircraft*, Airbus Industrie, Toulouse.

AIRBUS INDUSTRIE (1994), *The Future for European Airports*, Airbus Industrie, Toulouse.

ANDERSON, D. L. (1983), "Your Company's Logistic Management: An Asset or a Liability?", *Transportation Review*, Winter, pp. 111-125.

ANDERSON, K. (1994), "On Measuring the Extent of Agricultural Policy Intervention: A Review of the PSE and Related Indicators", Paper for the Directorate for Food, Agriculture and Fisheries of the OECD, Paris.

ANDRIEU, M., W. MICHALSKI and B. STEVENS (1992), "Long-term Prospecs for the World Economy: Overall Outlook, Main Issues and Summary of Discussion", *Long-term Prospects for the World Economy*, OECD, Paris.

ASSOCIATION OF EUROPEAN AIRLINES (1995), *EU External Relations*, AEA, Brussels.

AVMARK INC. (1992), *The Competitiveness of the European Community's Air Transport Industry*, Report for the Commission of the European Communities, Brussels.

BAKER, S. H. and J. B. PRATT (1989), "Experience as a Barrier to Contestability in Airline Markets", *Review of Economics and Statistics*, No. 81, pp. 352-356.

BANISTER, D., B. ANDERSSEN, J. BERECHMAN and S. D. BARRETT (1993), "Access to Facilities in a Competitive Transport Market", *Transportation Planning and Technology*, No. 17, pp. 341-348.

BARRETT, S. D. (1987), *Flying High: Airline Prices and European Regulation*, Avebury, Aldershot.

BENNETT, R. D. and J. M. CRAUN (1993), "The Airline Deregulation Evolution Continues: The Southwest Effect", Paper for the US Department of Transportation.

BERRY, T. (1990), "Estimating a Model of Entry in the Airline Industry", Yale Working Paper.

BEYHOFF, S. (1995), *Code-sharing in International Air Transport in the Federal Republic of Germany*, DLR-Forschungsbericht 95-23, Cologne.

BOEING (1993), *Current Market Outlook*, Seattle.

BOEING (1994), *Current Market Outlook*, Seattle.

BOEING (1995a), *Current Market Outlook*, Seattle.
BOEING (1995b), *World Air Cargo Forecast*, Seattle.
BOEING (1996), *Current Market Outlook*, Seattle.
BORENSTEIN, S. (1992), "The Evolution of US Airline Competition", *Journal of Economic Perspectives*, No. 6, pp. 45-73.
BORENSTEIN, S. and N. ROSE (1994), "Competition and Price Dispersion in the US Airline Industry", *Journal of Political Economy*, No. 102, pp. 653-683.
BORENSTEIN, S. and N. ROSE (1995), "Do Airlines in Chapter 11 Harm Their Rivals? Bankruptcy and Pricing Behaviour in US Airline Markets", National Bureau of Economic Research, Working Paper 5047, Cambridge, Massachusetts.
BRADLEY, M. and M. ROSENZWEIG (1992), "The Untenable Case for Chapter 11", *Yale Law Journal*, No. 101, pp. 1043-1095.
BRITISH AIRWAYS (1994), *Annual Environmental Report*, London.
BRITISH AIRWAYS (1995), *"Global Scenarios 1995-2005"*, London.
BRITTAN, L. (1990), "Civil Aviation and 1992—The Price of Free Movement at Altitude", in P. D. Dagtoglou (ed.), *Air Transport and the European Community*, Brussels, December.
BRUECKNER, J. K. and P. T. SPILLER (1994), "Economics of Traffic Density in the Deregulated Airline Industry.", *Journal of Law and Economics*, No. 37, pp. 379-415.
BUREAU OF TRANSPORT AND COMMUNICATIONS ECONOMICS (1994), *International Aviation: Trends and Issues*, Australian Government Publishing Service, Canberra.
BUTTON, K. J. (1988), "High-technology Companies: An Examination of Their Transport Needs", *Progress in Planning*, No. 29, pp. 81-146.
BUTTON K. J. (1989), "Contestability in the UK Bus Industry, and Experience Goods and Economies of Experience" in J. Dodgson and T. Topham (eds.), *Bus Deregulation and Privatisation: An International Perspective*, Gower, Aldershot.
BUTTON, K. J. (1993), *Transport, the Environment and Economic Policy*, Edward Elgar, Aldershot.
BUTTON, K. J. (1995) "Aviation Markets in Europe", Paper to the 105th Annual Meeting of the American Economics Association, Washington, DC.
BUTTON, K. J. and R. MAGGI (1995), "Videoconferencing and Its Implications for Transport: An Anglo-Swiss Perspective", *Transport Reviews*, No. 15, pp. 59-75.
BUTTON, K. J. and T. WEYMAN-JONES (1992), "Ownership, Institutional Organisation and Measured X-Inefficiency", *American Economic Review Papers and Proceedings*, No.

82, pp. 439-445.
BUTTON, K. J. and T. WEYMAN-JONES (1994), "The Impact of Privatisation Policy in Europe", *Contemporary Economic Policy*, No. 12, pp. 23-33.
BUTTON, K. J., S. TOLOFARI and D. PITFIELD (1986), "Shipping Costs and the Controversy Over Open Registry", *Journal of Industrial Economics*, No. 34, pp. 409-427.
CAVES, D. W., L. R. CHRISTENSEN and M. W. TRETHEWAY (1984), "Economies of Density Versus Economies of Scale: Why Trunk and Local Service Airline Costs Differ", *The Rand Journal of Economics*, No. 15, pp. 471-489.
CENTRAL PLANNING BUREAU (1992), *Scanning the Future—A Long-term Study of the World Economy 1990-2015*, Netherlands Central Planning Bureau, The Hague.
CIVIL AVIATION AUTHORITY (1992), *Economic Regulation of BAA South East Airports 1992-1997*, Civil Aviation Authority, CAP 599, London.
CIVIL AVIATION AUTHORITY (1993a), *Review of Access to Congested Airports for Regional Services*, Civil Aviation Authority, London.
CIVIL AVIATION AUTHORITY (1993b), *Airline Competition in the Single European Market*, Civil Aviation Authority, CAP 623, London.
CIVIL AVIATION AUTHORITY (1994), *Airline Competition on European Long Haul Routes*, Civil Aviation Authority, London.
CIVIL AVIATION AUTHORITY (1995a), *Slot Allocation: A Proposal for Europe's Airports*, Civil Aviation Authority, CAP 644, London.
CIVIL AVIATION AUTHORITY (1995b), *The Single European Aviation Market: Progress So Far*, Civil Aviation Authority, CAP 654, London.
COLTMAN, D. A. (1995), "The Challenge of a Successful Alliance", Paper to the 4th Annual Phoenix International Aviation Symposium, Phoenix.
COMITÉ DES SAGES FOR AIR TRANSPORT (1994), *Expanding Horizons*, European Commission, Brussels.
COMMISSION OF THE EUROPEAN COMMUNITIES (1993), *Outline Plan of the Trans-European Airport Network*, Draft Communication VII-C4/Com 2/93, Brussels.
COMMISSION OF THE EUROPEAN COMMUNITIES (1994), *The Way Forward for Civil Aviation in Europe*, COM (94) 218 Final, Brussels.
COMMISSION OF THE EUROPEAN COMMUNITIES (1995), *Competition Policy in the New Trade Order: Strengthening International Co-operation and Rules*, COM (95) 359 Final, Brussels.
CONDOM, P. (1993), "Airline Industry Performance: Past, Present and Future" in *Inter-

national Air Transport: The Challenges Ahead, OECD, Paris.

COOK, A. and P. HAVER (1994), "Meeting Face to Face—Videoconferencing", Airline Business, No. 10 (November), pp. 58-61.

DAIMLER-BENZ AEROSPACE (1995), World Market Forecast 1995-2014 for Civil Air Transport, Daimler-Benz Aerospace AG, Munich.

DEVOS, S. (1995), "Regional Integration", OECD Observer, No. 192, pp. 4-7.

DIAMOND, D. and N. SPENCE (1989), Infrastructure and Industrial Costs in British Industry, HMSO, London.

DISTEXHE, V. and S. PERELMAN (1994), "Technical Efficiency and Productivity Growth in an Era of Deregulation: The Case of Airlines", Swiss Journal of Economics and Statistics, No. 130, pp. 669-689.

DODGSON, J., Y. KATSOULACOUS and R. PRKYE (1991), Predatory Behaviour in Aviation, EC Official Publications, Luxembourg.

DOGANIS, R. (1991), Flying Off Course: The Economics of International Airlines, 2nd Edition, Allen and Unwin, London.

DOGANIS, R. (1992), The Airport Business, Routledge, London.

DOGANIS, R. (1993), "The Bilateral Regime for Air Transport: Current Position and Future Prospects" in International Air Transport: The Challenges Ahead, OECD, Paris.

DOGANIS, R. and A. LOBBENBERG (1994), "The 'True' Cost of Monopolies", Airports International, May, pp. 29-31.

DOUGLAS AIRCRAFT CO. (1992), Outlook for Commercial Aircraft, Long Beach.

DRESNER, M., S. FLICOP and R. WINDLE (1994), "Trans-Atlantic Airline Alliances: A Preliminary Evaluation", Paper to the Transportation Research Forum 36th Annual Conference, Daytona Beach.

DRI/McGRAW-HILL (1995), World Market—Executive Overview, First Quarter, Lexington.

ECKEL, C., D. ECKEL and V. SINGAL (1994), "Privatisation and Competition: Industry Effects of the Sale of British Airways and Air Canada", Virginia Polytechnic Institute and State University, mimeo.

EUROPEAN CIVIL AVIATION CONFERENCE (1994), Report of ECAC/APATSI Seminar on Forecasting Demand, London.

FEDERAL AVIATION ADMINISTRATION (1993), Aviation System Capacity Plan, US Dept. of Transportation, DOT/FAA/ASC-93-1, Washington, DC.

FIORITA, D. M. (1992), Globalisation of Aviation and Existing Domestic and International Framework, Report for the National Transpotation Act Review Commission, Montreal.

FRANCOIS, J., B. McDONALD and H. NORDSTROM (1995), "Assessing the Uruguay Round", Paper presented at the Conference on the Uruguay Round and the Developing Economies, World Bank, Washington, DC.

GALLACHER, J. (1994), "Tagging Along", *Airline Business*, No. 10 (July), pp. 25-42.

GELLMAN RESEARCH ASSOCIATES (1994), *A Study of International Airline Code-Sharing*, Report for the US Department of Transportation, Washington, DC.

GENERAL AGREEMENT ON TARIFFS AND TRADE (1994a), *The Results of the Uruguay Round of Multilateral Trade Negotiations*, GATT, Geneva.

GENERAL AGREEMENT ON TARIFFS AND TRADE (1994b), *International Trade: Trends and Statistics*, GATT, Geneva.

GILLEN, D. E., T. H. OUM and M. W. TRETHEWAY (1989), "Privatisation of Air Canada: Why Is It Necessary in a Deregulated Environment?", *Canadian Public Policy*, No. 15, pp. 285-299.

GORDON, K. (1981), "Deregulation, Rights and the Compensation of Losers" in K. D. Boyer and W. G. Shepherd (eds.), *Economic Regulation: Essays in Honour of James R. Nelson*, Michigan State University Press, East Lansing.

GUNTHER, J. (1995), "Exploring Future Regulation: 50 Years after the Chicago Convention", *Canadian Aviation Forecast Conference*, Transport Canada, Ottawa.

HANLON, P. (1994), "Discriminatory Fares: Identifying Predatory Behaviour", *Journal of Air Transport Management*, No. 1, pp. 89-102.

HEWITT, M. (1994), "OAA Airlines: Where Have All the Profits Gone?", *The Avmark Aviation Economist*, January/February, pp. 9-18.

HIERONYMI, O. (1993), "Decision-making for Infrastructure: Environmental and Planning Issues" in *Infrastructure Policies for the 1990s*, OECD, Paris.

HUMPHREYS, B. K. (1991), "Are FFPs Anticompetitive?", *The Avmark Aviation Economist*, July/August, pp. 12-15.

HUMPHREYS, B. K. (1994a), *New Developments in CRSs*, ITA Documents and Reports 32, Paris.

HUMPHREYS, B. K. (1994b), "The Implications of International Code Sharing", *The Journal of Air Transport Management*, No. 1, pp. 195-207.

INTERNATIONAL AIR TRANSPORT ASSOCIATION (1992), *Air Transport in a Changing World: Facing the Challenges of Tomorrow*, IATA, Montreal.

INTERNATIONAL AIR TRANSPORT ASSOCIATION (1993a), *International Traffic Forecasts 1993-1997—Scheduled Passengers*, IATA, Geneva.

INTERNATIONAL AIR TRANSPORT ASSOCIATION (1993b), *Asia/Pacific Air Traffic Growth and Constraints*, IATA, Geneva.

INTERNATIONAL CIVIL AVIATION ORGANISATION (1967), "Statement by the Council to Contracting States on Charges for Airports and Route Navigation Facilities", Doc. 8718-C/975, ICAO, Montreal.

INTERNATIONAL CIVIL AVIATION ORGANISATION (1991), *Outlook for Air Transport to the Year 2001*, ICAO, Montreal.

INTERNATIONAL CIVIL AVIATION ORGANISATION (1993), *Outlook for Air Transport to the Year 2003*, ICAO, Montreal.

INTERNATIONAL CIVIL AVIATION ORGANISATION (1994a), *The World of Civil Aviation 1993-96*, ICAO, Montreal.

INTERNATIONAL CIVIL AVIATION ORGANISATION (1994b), *North Atlantic Air Traffic Forecasts for the Years 1994-1999, 2000, 2005 and 2010*, ICAO, Paris.

INTERNATIONAL CIVIL AVIATION ORGANISATION (1994c), *Report of the Asia / Pacific Area Traffic Forecasting Group (APA TFG) Fourth Meeting*, ICAO, Montreal.

JONES, I., I. VIEHOFF and P. MARKS (1993), "The Economics of Airport Slots", *Fiscal Studies*, No. 14, pp. 37-57.

KANAFANI, A. and T. KEELER (1989), "New Entrants and Safety" in L. N. Moses and I. Savage (eds.), *Transportation Safety in an Age of Deregulation*, Oxford University Press, New York.

KASPER, D. M. (1988), *Deregulation and Globalisation: Liberalising International Trade in Air Services*, American Enterprise Institute, Washington, DC.

KATZ, R. (1995), "The Great GATS", *Airline Business*, September, pp. 81-82.

KEELER, T. E. (1990), "Airline Deregulation and Market Performance: The Economic Basis for Regulatory Reform and Lessons from the US Experience" in D. Banister and K. J. Button (eds.), *Transport in a Free Market Economy*, Macmillan, London.

KLINGMAN, R. A. (1992), "Predatory Pricing and other Exclusionary Conduct in the Airline Industry: Is Antitrust Law the Solution?", *De Paul Business Law Journal*, No. 4, p. 281.

KRUEGER, A. O. (1992), "Global Trade Prospects for the Developing Countries", *World Economy*, No. 15, pp. 457-474.

LEVINE, M. E. (1965), "Is Regulation Necessary? California Air Transportation and National Regulatory Policy", *Yale Law Journal*, 74, pp. 1416-1447.

LEVINE, M. E. (1987), "Airline Competition in Deregulated Markets: Theory, Firm

Strategy and Public Policy", *Yale Journal on Regulation*, No. 4, pp. 393-494.
LEVINE, M. E. (1993), "Scope and Limits of Multilateral Approaches to International Air Transport" in *International Air Transport: The Challenges Ahead*, OECD, Paris.
LEVINE, M. E. (1995), "The Airlines of the Future", Paper to the 8th IATA High Level Symposium, Montreal.
LIPMAN, G. H. (1995), "Taxing Travel: Seeing the Forests from the Trees", *Viewpoint*, No. 2, pp. 52-60.
LORTIE, P. (1995), "The Role of Regional Airlines in the Air Transport Industry's Future", Paper to the 8th IATA High Level Symposium, Montreal.
MALDUTIS, J. (1993), "Industry Investment Requirements—Looking Beyond 2000", Paper to the 7th IATA High-level Aviation Symposium, Cairo.
MARCONINI, M. (1995), "Aviation and the New World Trading Regime", Paper to the PECC Conference on Air Transport in the Asia-Pacific: Challenges, Opportunities and Options, Singapore.
MEYER, J. R. and B. W. TYE (1985), "The Regulatory Transition: The Consequences of Deregulation in the Transportation and Telecommunications Sector", *American Economic Review: Papers and Proceedings*, No. 75, pp. 46-51.
MICHALSKI, W. (1983), "The Need for Positive Adjustment Policies in the 1980s", *Inter Economics*, January/February, pp. 42-47.
MICHALSKI, W. and M. ANDRIEU (1992), "Long-term Prospects for Structural Shifts: Fundamental Trends, Main Driving Forces and Major Uncertainties" in *Korea and the World in the 21st Century, Presidential Commission on the 21st Century*, Seoul.
MICHALSKI, W., M. ANDRIEU and B. STEVENS (1993), "New Policy Approaches to International Air Transport: Main Issues and Summary of the Discussion" in *International Air Transport: The Challenges Ahead*, OECD, Paris.
MOKHTARIAN, P. L. (1990), "A Typology of Relationships between Telecommunications and Transportation", *Transportation Research*, No. 24A, pp. 31-42.
MORRISON, S. and C. WINSTON (1986), *The Economic Effects of Airline Deregulation*, Brookings Institution, Washington, DC.
MORRISON, S. and C. WINSTON (1989), "Enhancing the Performance of the Deregulated Air Transportation System", *Brooking Papers on Economic Activity, Microeconomics*, pp. 61-112.
MORRISON, S. and C. WINSTON (1995), *The Evolution of the Airline Industry*, Brooking Institution, Washington, DC.

MULLAN, H. (1995), "Financing the Future", Paper to the 8th IATA High Level Symposium, Montreal.

NYATHI, M., P. HOOPER and D. HENSHER (1993), "Compass Airlines: 1 December 1990 to 20 December 1991—What Went Wrong?," *Transport Reviews*, Part 1, No. 13, pp. 112-149; Part 2, No. 13, pp. 185-206.

OECD (1975), *The Polluter Pays Principle*, Paris.

OECD (1983), *Long Term Outlook for the World Automobile Industry*, Paris.

OECD (1985), *Costs and Benefits of Protection*, Paris.

OECD (1986), *Competition Policy and Joint Ventures*, Paris.

OECD (1987), *Structural Adjustment and Economic Performance*, Paris.

OECD (1988), *Deregulation and Airline Competition*, Paris.

OECD (1989a), *Predatory Pricing*, Paris.

OECD (1989b), *Economic Instruments for Environmental Protection*, Paris.

OECD (1992a), *Globalisation of Industrial Activities—Four Case Studies: Auto Parts, Chemicals, Construction and Semiconductors*, Paris.

OECD (1992b), *Market and Government Failures in Environmental Policy: The Case of Transport*, Paris.

OECD (1992c), *Regulatory Reform, Privatisation and Competition Policy*, Paris.

OECD (1992d), *Trade and Competition Policies*, Paris.

OECD (1993a), *Assessing the Effects of the Uruguay Round*, Paris.

OECD (1993b), *Long-Term Prospects for the World Economy*, Paris.

OECD (1993c), *Infrastructure Policies for the 1990s*, Paris.

OECD (1993d), *International Air Transport: The Challenges Ahead*, Paris.

OECD (1993e), *Competition Policy and a Changing Broadcasting Industry*, Paris.

OECD (1993f), *1993 Issues: The OECD Response*, Paris.

OECD (1994a), *Globalisation of Industrial Activities: A Case Study of the Clothing Industry*, Paris.

OECD (1994b), *OECD Economic Outlook*, No. 56, Paris.

OECD (1994c), *Globalisation of Industrial Activities: A Case Study of the Consumer Electronics Industry*, Paris.

OECD (1994d), *OECD Societies in Transition: The Future of Work and Leisure*, Paris.

OECD (1994e), *Tourism Policy and International Tourism in OECD Countries*, Paris.

OECD (1994f), *Competition Policy in OECD Countries*, Paris.

OECD (1995a), *Foreign Direct Investment—OECD Countries and Dynamic Economies of Asia*

and Latin America, Paris.
OECD (1995b), Regional Integration and the Multilateral Trading System—Synergy and Divergence, Paris.
OECD (1995c), OECD Economic Outlook, No. 57, Paris.
OECD (1995d), "Coverage of Competition Laws and Policies: Overview", Document to the Working Party of the Trade Committee, Paris.
OECD (1995e), Revised Recommendation of the Council Concerning Co-operation between Member Countries on Anti-competitive Practices Affecting International Trade, C (95)130 Final, Paris.
OUM, T. H. and Y. ZHANG (1990), "Airport Pricing: Congestion Tolls, Lumpy Investment and Cost Recovery", Journal of Public Economies, No. 43, pp. 353-374.
OUM, T. H., W. G. WATERS and J. -S. YONG (1992), "Concepts of Price Elasticities of Transport Demand and Recent Empirical Estimates: An Interpretative Survey", Journal of Transport Economics and Policy, No. 26, pp. 139-154.
PROUSSALOGLU, K. and F. KOPPELMAN (1995), "Air Carrier Demand: An Analysis of Market Share Determinants", Transportation, No. 22, pp. 371-388.
RODRIGUES, C. (1993), "Travel and Tourism Forecasts: 2000 and Beyond", Viewpoint, No. 1, pp. 34-40.
ROSSELL, M. (1995), "Airline Deregulation in the United States: A Model for Europe", Hubert H. Humphrey Institute, Minneapolis (mimeo).
RYAN, K. J. (1994), "Future Logistic Management Requires Seamless Global Transportation System", Logistics Spectrum, Winter, pp. 6-8.
SALOP, S. C. and D. T. SCHEFFMAN (1983), "Raising Rivals' Costs", American Economic Review, Papers and Proceedings, 73, pp. 267-271.
SAVAGE, S., D. SMITH and J. STREET (1994), "The Effect of Competition on International Air Fares", Paper to the Conference of Economists, Surfers Paradise, Brisbane, Queensland, Australia.
SHENTON, H. (1994), "Code-sharing Is Airlines' Gain Consumers' Loss", The Avmark Aviation Economist (October), pp. 13-20.
SMEETS, M. (1993), "The Car in the World Economy", OECD Observer, No. 180, pp. 23-25.
SMITH, C. (1995), "Western Rethink", Airline Business, September, pp. 57-62.
SMITH, T. K. (1995), "Why Air Travel Doesn't Work", Fortune, April pp. 26-36.
SPRAGGINS, H. B. (1989), "The Impact of Airline Size upon Efficiency and Profitability",

Journal of Transportation Management, No. 23, pp. 73-104.

STEVENS, B. and W. MICHALSKI (1993), "Infrastructure in the 1990s: An Overview of Trends and Policy Issues" in *Infrastructure Policies for the 1990s*, OECD, Paris.

STIRLAND, R. (1995), "Politics and Policy: A Time for Opportunity?", Paper to the 4th Annual Phoenix International Aviation Symposium, Phoenix.

STREET, J., P. SPENCE and D. SMITH (1993), "Entry and Exit Conditions for Australian Aviation", Paper to the 18th Australian Transport Research Forum, Gold Coast.

TELSER, L. G. (1994), "The Usefulness of Core Theory in Economics", *Journal of Economic Perspectives*, No. 8, pp. 151-164.

TRADE PRACTICES COMMISSION (1992), *The Failure of Compass Airlines*, TPC, Canberra.

TRANSPORT CANADA (1993), *An Evaluation for the Accuracy of Aviation Activity Forecasts*, TP9400E, Transport Canada, Ottawa.

TRANSPORT CANADA (1994), *Transport Canada Aviation Forecasts 1994-2007*, Transport Canada, Ottawa.

UNITED KINGDOM ROYAL COMMISSION ON ENVIRONMENTAL PROTECTION (1995), *18th Report, Transport and The Environment*, HMSO, London.

UNITED NATIONS CONFERENCE ON TRADE AND DEVELOPMENT (1994), *World Investment Report 1994—Transnational Corporations, Employment and the Workplace*, UN, Geneva.

UNITED STATES DEPARTMENT OF TRANSPORTATION (1990), *Airline Marketing Practices: Travel Agencies, Frequent-Flier Programs, and Computer Reservation Systems*, Secretary's Task Force on Competition in the US Domestic Airline Industry, Washington, DC.

UNITED STATES DEPARTMENT OF TRANSPORTATION (1995), *US International Air Transportation Policy Statement*, DOT, Washington, DC.

UNITED STATES GENERAL ACCOUNTING OFFICE (1990), *Airline Competition: Industry Operating and Marketing Practices Limit Market Entry*, GAO/RCED-90-147, Washington, DC.

UNITED STATES GENERAL ACCOUNTING OFFICE (1994), *International Aviation: Dot Needs More Information to Address US Airlines' Problems in Doing Business Abroad*, GAO/RECD-95-24, Washington, DC.

UNITED STATES GENERAL ACCOUNTING OFFICE (1995), *International Aviation: Airline Alliances Produce Benefits, But Effect on Competition is Uncertain,*

GAO/REED-95-99, Washington, DC.

UNITED STATES GENERAL ACCOUNTING OFFICE (1996), *Airline Deregulation: Changes in Airfares, Service, and Safety at Small, Medium-Sized and Large Communities*, GAO/RCED-96-79, Washington, DC.

UNITED STATES NATIONAL COMMISSION TO ENSURE A STRONG COMPETITIVE AIRLINE INDUSTRY (1993), *Change, Challenge and Competition*, US Government Printing Office, Washington, DC.

UNITED STATES TRANSPORTATION RESEARCH BOARD (1993), *Aviation Infrastructure—Panel on Future Aviation Activities*, Transportation Research Board, Washington, DC.

VAN HASSELT, L. (1994), "Prospects for Changes in the Regulation of International Civil Aviation", *Journal of Air Transport Management*, No. 1, pp. 83-88.

VICKERY, G. (1993), "Global Industries and National Policies", *OECD. Observer*, No. 179, pp. 11-14.

WESTBROOK, J. L. (1990), "Comparison of Bankruptcy Reorganisation in the US with the Administration Procedure in the UK", *Insolvency Law and Practice*, 86/88.

WHITE, L. J. (1979), "Economies of Scale and the Question of Natural Monopoly in the Airline Industry", *Journal of Air Law and Commerce*, No. 44, pp. 545-573.

WORLD BANK (1995), *Global Economic Prospects and the Developing Countries*, Washington, DC.

WORLD TOURISM ORGANISATION (1994), *Global Tourism Forecasts to the Year 2000 and Beyond* WTO, Brussels.

WORLD TRAVEL AND TOURISM COUNCIL (1993), *Travel and Tourism Forecasts*, WTTC, Brussels.

WYCKOFF, A. W. (1993), "The International Expansion of Productive Networks", *OECD Observer*, No. 180, pp. 8-11.

YAMANOUCHI, S. (1995), "Rail's High-tech Resurgence", *Viewpoint*, No. 1, pp. 18-24.

YOUSSEF. W. and M. HANSEN (1994), "Consequences of Strategic Alliances between International Airlines: The Case of Swissair and SAS", *Transportation Research*, No. 28A, pp. 415-431.

用語集

航空サービス協定 Air service agreement (ASA).
国際航空業務（サービス）における取引行為を確立している政府間の協定。大部分は二国間で交渉された二国間航空サービス協定である。航空サービス協定で取り扱われる規定は異なるが，市場アクセスやルート，認められる自由，供給能力，便数頻度，運賃決定方法を含むことができる。

有効座席キロ Available seat kilometres (ASKs).
有効座席キロは航空輸送旅客の供給能力の尺度であり，運航距離×提供座席総数として計算される。

参入およびまたは撤退の障壁 Barriers to entry and/or exit.
航空会社の特定の市場への参入または撤退に関する能力を制限する法的かつ制度的，経済的な要因。

以遠権 Beyond rights.
認可された航空会社が第三国から別の第三国へ輸送サービスを供給する権利。第五の自由権は以遠権の一種である。

二国間協定 Bilateral agreement.
航空サービスにおける取引を取り扱っている二国政府間の公的な協定を対象とする。この表現はある航空サービス協定を受けてしばしば用いられる。

カボタージュ Cabotage.
外国所有の航空会社が主催国の商業国内航空サービスを供給する権利。

破産条項第11章（米国）Chapter 11 bankruptcy provision (US).
米国で破産宣告を受けた航空会社に経営の困難な状態から抜け出し営業を継続するために，再編成して営業を続行するための資金的な手当をすること。

コード・シェアリング Code-sharing.
航空会社間のマーケティング協定であり，協定を結んだ航空会社自身の識別コードの下で互いの便において座席を販売することを可能にする。2社あるいはそれ以上のコード・シェアリング航空会社の接続便のケースでは，すべての便がCRSにおいて単一航空会社のサービスとして表示される。

コンピューター予約システム Computer reservation system (CRS).
旅行代理店（retailers）や直接消費者に旅行サービスの情報や利用状況，価格を流す電子データ管理システム。

統合 Consolidation.
　航空会社の閉鎖——残った航空会社に市場シェアを増加させる機会を与える——あるいは別の航空会社によるある航空会社の買収によって市場にサービスを供給する航空会社数が減少すること。航空会社の統合は市場にとどまっている航空会社間の市場集中度の増大につながる。

コンテスタビリティー Contestability.
　効率的な価格やサービスの結果に対して新規企業による潜在的な参入の重要性を強調する経済理論。参入の恐れがより効果的になれば，市場でサービスを供給する既存の航空会社に生じる超過利潤もより小さなものになる。

費用 Costs.
　航空会社の総費用は以下のように分類することができる：

　　——営業費用 Operating costs.
　　　　燃料費や運航乗員費，旅客サービス費を含めて航空輸送サービスを提供するのに負担するあらゆる支出。

　　——非営業支出 Non-operating costs.
　　　　利払いや航空機の売却における利益（あるいは損失）を含めて航空会社のサービスの生産に直接関係しない，航空会社が負担するすべての費用。

　　——直接営業費 Direct operating costs.
　　　　便の運航や整備，航空会社の資本費用と結びついたすべての費用。

　　——間接営業費 Indirect operating costs.
　　　　便の運航や整備，航空会社の資本費用に関係しないすべての費用。そのような費用には利用者料金（着陸や他の空港料金）そして事業所支出；旅客サービス；発券，販売促進；そして一般の経営上の支出を含む。

　　——埋没費用 Sunk costs.
　　　　供給者が市場を去る場合に回収することができない費用。

　　——可変費用 Variable costs.
　　　　運航（飛行）費用や利用者料金を含めて，提供されるサービスの量に直接比例しているすべての費用。

　　——固定費用 Fixed costs.
　　　　減価償却や割賦償還費用，運航乗員訓練，そして事業所支出を含めて生産されるサービス量の変化に対して変化しないあらゆる支出。

負債倍率 Debt/equity.
　負債倍率は負債と株式有価証券の所有者による資金の比率を示しており，財務リスクの尺度として用いられる。

ECAC.
　欧州民間航空会議（European Civil Aviation Conference）。

規模の経済 Economies of scale.
　航空会社が生産するアウトプットが増加するにつれて生産の平均単位費用が低下する。

範囲の経済 Economies of scope
　二つまたはそれ以上のサービスを複数の航空会社によって分割して生産するよりも1航空会社が生産する方がそれらのサービスをより安く生産できる。

輸送密度の経済 Economies of traffic density.
　サービスが供給されるある2地点間の輸送量が増加するのにつれて，生産の平均単位費用が低下する。

ネットワーク・サイズの経済 Economies of network size.
　生産の平均単位費用は1航空会社のネットワークが供給する都市地点数が増加するのにつれて低下する。

効率性 Efficiency.
　資源の最善な利用の経済的な尺度。配分効率は消費者需要のパターンを最もうまく満たす財とサービスの組み合わせを生産するために最終消費者間での稀少資源の最適配分を示す。X効率はある仮定された産出水準を生産する費用を最小にする航空会社の経営の有効性を示す。

弾力性 Elasticity.
　価格や所得のような要因の変化に対する需要量の反応。

EU.
　欧州連合（European Union）。

フラッグ・キャリア Flag-carrier.
　政府所有の航空会社のみを持つ国々はしばしばその航空会社をナショナル・キャリアあるいはフラッグ・キャリアと見なす。

自由権 Freedoms.
　国際航空輸送権。
　　——第一の自由権 1st freedom.
　　　ある国の航空会社が他国の領空を無着陸で横断飛行する権利。
　　——第二の自由権 2nd freedom.
　　　ある国の航空会社が別の国への途上で，整備あるいは給油のような輸送以外の理由のために別の国に着陸する権利。
　　——第三の自由権 3rd freedom.
　　　ある国の航空会社がその航空会社の登録国から別の国へ輸送する権利。

――第四の自由権 4th freedom.
　　ある国の航空会社が別の国からその航空会社の登録国へ輸送する権利。
――第五の自由権 5th freedom.
　　ある国の航空会社が航空会社の登録国以外の2カ国間で航空輸送を行う権利。その際，問題の便は登録国を発着とする。
――第六の自由権 6th freedom.
　　ある国の航空会社がその航空会社の登録国を経由して2外国間の輸送を行う権利。これは第三と第四の自由権の組み合わせである。
――第七の自由権 7th freedom.
　　ある国の航空会社が拠点国を離れて，2外国間で輸送を行うために完全に独立したサービスを供給する権利。
――第八の自由権 8th freedom.
　　ある国の航空会社が別の国の領域内の2地点間に航空サービスを供給する権利（カボタージュ）。

貨物トンキロ Freight tonne kilometres (FTKs).
　航空貨物トン数×輸送距離。FTKs は単一の便あるいは一航空会社，業界全体に対して測定されうる。

フリークエント・フライヤー・プログラム Frequent flyer programme.
　長距離サービスを頻繁に利用する旅行者に（無料）フライトやその他の便益を提供することを目的としたスキーム。資格基準は飛行距離あるいは飛行回数に基づき，通常購入される航空券のクラスによって加重される。これらのプログラムは飛行とは関係のないその他のサービスをも含むまでに拡大している。

政府の介入の失敗 Government intervention failure.
　市場の歪み Market distortions を参照。

既得権（祖父条項） Grandfather rights.
　過去およびまたは現在のアクセスに基づく空港離着陸スロットの配分。

ハブ・アンド・スポーク・ネットワーク Hub and spoke network.
　一つまたは複数の空港が，ある航空会社の輸送事業の中心として機能するような航空会社の事業構造。ハブ・アンド・スポーク・ネットワークでは，輸送対象が多くの「スポーク」すなわちフィーダー地点から集められハブ地点で集約され，それを別の目的地への便と接続するハブから再分配する。

騒音抑制装置の装着 Hush-kitting.
　機体のエンジンによって発せられた騒音を下げる消音型の運航。

IATA.

国際航空運送協会（International Air Transport Association）。
ICAO.
国際民間航空機関（International Civil Aviation Organization）。
インフラストラクチャー Infrastructure.
航空管制施設や滑走路，空港旅客ターミナル。
インターライニング Interlining.
航空会社間の公式協定（インターライン協定）に基づき，ある航空会社が別の航空会社に代わって旅客や貨物を輸送すること。インターライニング協定に参加する航空会社はその協定において他の航空会社が発行する航空券を引き受けるように求められる。それぞれの航空会社の主体性は維持される。
リース Lease.
一連の固定的な支払いを伴う賃貸協定。
　　——オペレーティング・リース
　　　　オペレーティング・リースはリースの終わりに航空機が貸し手に戻る，より短期間の航空機賃貸協定である。
　　——ファイナンス・リース
　　　　ファイナンス・リースの場合には，リースの終わりに借り手はしばしば航空機の購入について選択を行うことができる，通常航空機の経済寿命にまでわたった，より長期間の航空機賃貸協定である。
　　——ウェット・リース
　　　　ウェット・リースは航空機と運航乗員の提供を伴うものである。
　　——ドライ・リース
　　　　ドライ・リースは航空機の提供を伴うが，運航乗員は借り手によって供給される。
ロード・ファクター Load factor.
航空会社の輸送能力に対する航空会社の輸送量の割合（比率）の尺度。旅客ロード・ファクターは利用できる座席数に対して輸送された旅客数の割合である。重量ロード・ファクターは利用可能なトンキロに対して実績としてのトンキロ数の割合である。
市場の歪み Market distortions.
これらは二つの一般的な原因から生じる。
　　——市場の失敗 Market failure.
　　　　市場は自然独占力の存在のような本来備わっている特徴のために効率的な結果を生まないかもしれない。
　　——政府の介入の失敗 Government intervention failure.

市場における政府による介入（たとえば，規制を通して）は経済効率性を小さくすることになるかもしれない。

複数社指定 Multiple designation.
本国から特定の国への国際航空サービスを運航する1社以上の航空会社の指定。

不定期（またはチャーター）サービス Nonscheduled (or charter) services.
不定期に行われる有償輸送便。

営業費用 Operating costs.
費用（costs）を参照。

営業収入 Operating revenues.
定期・不定期旅客，そして貨物や郵便のサービスを含む航空輸送サービスとそれに関連する事業活動から得られる収入。

民営化 Privatisation.
公的に所有された資産あるいは事業（たとえば航空会社）の民間部門への売却。

有償旅客キロ Revenue passenger kilometres (RPKs).
ある航空機における運賃支払旅客数×飛行キロ数。RPKsは単一の便，一航空会社，または業界全体に対して測定されうる。

定期サービス Scheduled services.
時刻表にて公表され，または認識可能な組織的なシリーズを構成するような定期的かつ多頻度で，有償で行われる輸送便。

スロット Slots.
指定された時間に空港を発着する権利。

社会的サービス（または公共サービス）Social service (or public services).
たとえば僻地に十分なアクセスを与えるサービスのような，社会的なニーズを満たすために提供される商業的には採算のとれないサービス。

構造調整 Structural adjustment.
生産的な企業は消費者の需要の変化，技術的な変化または競争上の枠組みの発展に応じて自己の生産方法やアプローチ，あるいは産出特徴を変更する。

入札 Tendering.
採算のとれないサービスに供給する権利が最低の補助を求める供給者に与えられる入札システム。

有効トンキロ Tonne kilometres available (TKA).
貨物や郵便，旅客の輸送に利用可能なトン数×飛行距離の尺度。TKAは単一の便あるいは一航空会社，業界全体に対して測定されうる。

トンキロ実績 Tonne kilometres performed (TKP).

実際に運ばれた貨物や郵便，旅客のトン数×飛行距離の尺度。TKP は単一の便あるいは一航空会社，業界全体に対して測定されうる。

改変 Transition.
経済における構造調整を促進するために考案された政府の政策変更。

WTO.
世界観光機関（World Tourism Organization）。

WTTC.
世界旅行観光会議（World Travel and Tourism Council）。

X-効率 X-efficiency.
効率性（Efficiency）を参照。

イールド Yield.
輸送単位当りの航空会社の収入。旅客イールドは旅客キロ当りの航空会社の収入である。

イールド・マネジメント Yield management.
それぞれの便から最大の収入を得るための座席価格の市場操作。イールド・マネジメント・システムは特定の便において販売される正規運賃航空券の数を予測し，そのうえで残りの航空券をより価格に敏感な旅客からの需要を誘発するために異なる割引率で提供する。割引航空券は正規運賃を支払う意思のある旅客にとって割引航空券を魅力的でないものにするために一般に厳しい条件が課されている。

付属書1

「国際航空輸送についての OECD プロジェクト」の「イントロダクション：総括と政策提言」に関する日本政府の見解

　「イントロダクション：総括と政策提言」におけるいくつかの論点，とりわけ国際航空サービスの発展における現行の二国間協定の役割，「自由化」のインパクト，航空会社における外国所有の緩和および一般競争法の適用に関する論点は，今日の国際航空サービスの実態に基づくものではなく，誤解に基づくものといえる。われわれはこれらの論点に強く反対し，以上の問題に関するわれわれの見解を以下に述べることとする。われわれは，世界の大多数の国々がわれわれと同一の見解を持つものと信じ，このことは137カ国の代表が同意した，1994年の ICAO 世界航空会議（ICAO World Wide Air Transport Conference）の議論により実証されているものと考える。

1．国際航空輸送における劇的な発展をもたらしたのは現行の二国間協定の制度であり，国際航空輸送はこの間，経済的，社会的あるいは技術的な大きな変化を克服し，そして消費者の利益を高めてきた。この制度は現在，効果的に機能しており，そして近い将来（今後），現行の二国間協定の制度では調整不可能な予測しえない混乱が起こるであろうと信じるべき説得力のある理由は存在しない。事実，現行の二国間制度は，石油危機や，ジェット機そしてワイドボディー機の出現のような大きな変化にも自らを適合してきたのである。現行の二国間協定の制度は特定市場の地域的な特質や社会的，経済的条件をも受け容れる柔軟性を有することを示している。

2．自由化には長所がある。しかし当然のことながら短所が一切ないというわけではない。一般的にいって安全保護対策なしに自由化を急ぐと，ある場合には，必要不可欠な安全のための支出すら切りつめさせるよう航空会社に圧力をかける激烈な競争（cut-throat competition）に向かわせたり，あるいは独占・寡占の形成に向かわせたりする傾向がみられ，そしてとりわけ国際航空市場では不均一な競争条件の一層の不均一化および有効な参加国の減少に向かわせる傾向がみられる。この点で OECD の報告書 "Competition, Regulation and Performance" [ECO/CPE/WPI (95) 6/ANN2] は次のように問題点を指摘している。

「アメリカ合衆国の規制緩和は新規参入（市場への参加総数は123社）を伴う一つの（新しい）段階を導入し，そして競争を高めた。しかしその後は企業統合の時期が続き，破産，合併および買収の結果，市場への参加企業数は27に激減し，1988年には市場の97.3％が大手12社の占有するところになった。興味あることに，この規制緩和はヨーロッパおよび米国の両方において同程度の企業集中を引き出し，またそれぞれの空港が単一の航空会社により支配されるという状況に導いた。オーストラリアは，1990年の規制緩和およびそれに向かう助走の時期に同様の，企業集中へのプロセスを経験した。」

多くの研究者により指摘されたように規制緩和以後，企業集中が行われた市場においては航空運賃は上昇し，そして人口の希薄な地域および僻地へのサービス低下がしばしば確認された。

もう一つの重要な点は，いくかの研究者は，規制緩和以前にずっと継続していた実質航空運賃の一般的な低下傾向を無視し，規制緩和に伴う便益を過大評価しているという点である。なおこの点で注目すべきことは，問題の実質航空運賃の低下傾向は単に「自由化された」市場のみならず，他の市場を含む世界全体の市場で継続していたという事実である。

以上のごとく，ICAO会議で確認されたように防御的な安全保護対策を伴わない自由化あるいは性急な自由化は，明らかに，世界の多くの国々にとって受け容れ難い。

3. 以上の問題に関連して次の事柄に注目すべきである。自由化に賛成する国を含め，すべての国家は国際航空市場において自国を代表する航空会社 (national carriers) を維持することを望む。すなわち各国は，それぞれの国あるいは地域の経済的および技術的発展にとりこの種の代表的な航空会社が不可欠であると考える。この点について米国と英国の二つの報告書からの抜粋を以下に紹介する。

抜粋1．"Change, Challenge and Competition—A Report to the President and Congress", The National Commission to Ensure a Strong Competitive Airline Industry, August 1993

「アメリカでは，航空機およびその他の機材の生産者そして航空会社を経営する人たちはアメリカ経済の将来に対し批判的であるという点で意見が一致していると思う」と大統領は述べた。

航空輸送システムは，アメリカ国民およびアメリカの企業の経済発展にとり不可欠なものとなっている。この輸送手段がなければ，アメリカの経済は，ますますグ

ローバル化する社会と市場に参加する能力が損なわれることになろう。

抜粋2．"Expanding Horizons—A Report by the Comité des Sages for Air Transport to the European Commission", Jan. 1994

…航空会社の本拠地（homebase）をどこに置くかというその立地問題は，ヨーロッパ経済全体に及ぼすプラスの外部効果（spillover effects）のゆえに，きわめて重要である。

…もしヨーロッパにおける重要な航空サービスがすべて非ヨーロッパ系の航空会社により供給されるのであれば，ヨーロッパの航空システムの質が低下（suffer）するであろう。

…純粋なヨーロッパ系の航空産業こそがヨーロッパ全体の経済的厚生を支える基幹産業である。

4．国際航空の構造は，問題の国際航空に関係する主権国家により決定されるべきであり，われわれは，これら関係国相互に結ばれる市場の自由化協定に反対するものではない。しかし一国が独占あるいは寡占を形成する傾向を持つ「自由化」を押しつけるべきではない。さらにその際，巨大な国内市場が一方の航空会社のためにそのまま維持され，かくして全体としては平準でない市場条件（an unlevel playing field）を形成しておきながら，他方，他国にとっては国際航空輸送への有効な参加機会を失うリスクを伴うような「自由化」を押しつけるべきではない。

5．外国所有の緩和は便宜置籍の問題を引き起こすであろうし，したがって慎重に検討されるべきである。この外国所有の緩和は，関係諸国間で適切かつ有効な安全対策が合意される前に，これを提案するのは適切でない。

6．一般的競争法が国際航空輸送における独占，寡占ないし反競争行為を適切に処理できると考えるのは妥当ではない。一般的競争法の下では，国際航空輸送における問題への迅速な措置が期待できず，また事後対策（ex post facto measures）はしばしば一方の当事国に回収不可能な損失を与える。この点で二国間の航空サービス協定に規定される安全対策が一般的競争法よりもはるかに有益である。

　さらに最近，メガ・キャリア間の提携に対し認可された一連の反トラスト免除規定は，航空輸送産業における市場集中を阻止するにあたって一般的競争法は現実に効力を持たないということを示す他の一つの証左である。

7．主要な国際空港における容量の制約は今後長期にわたって継続することは明らかであり，本報告において示されているようにこの容量不足に対しては基本的な解決策が存

在しない。この事実もまた競争を自由に行うことを不可能にしている。(報告書では空港容量の制約を改善するいくつかの考えが論じられているが, それらの考えは主要な国際空港の制約を除去するまでには至らない。)

8. 今後一層の研究がなされることが予定されているのであれば, 国際航空輸送市場に参加するすべての者が参加しうるフォーラムでなされるべきである。この点で ICAO はこのような研究のために最も適切な組織であり, すでに OECD 10カ国を含む25カ国の参加を得てこの種の研究を始めている。限られた資源を効率的に利用するためにも研究の重複は回避されねばならない。

付属書 2

OECD 国際航空輸送プロジェクトの専門委員会

専門委員会は，OECD 加盟国政府，欧州委員会，航空会社，空港，航空機メーカー，航空燃料供給者，ツーリズム・グループの代表からなり，構成メンバーすべてがこのプロジェクトに資金的に寄与した。このグループは OECD 事務局長の Jean-Claude Paye 氏（1996年5月まで）とその後任の Donald Johnston 氏によって議長を務められた。

専門委員会会合の主要参加者

Aeromexico Mexico	Francisco CONTRERAS	Senior Vice President, International Development
Airbus Industrie France	Michel BIELER	Directeur des relations internationales
	Jean-Louis VAYSSE	Chef du Département études et marchés
Alitalia Italy	Daniele de GIOVANNI	Senior Vice-President, Corporate Strategies
American Airlines United States	Robert A. BRITTON	Managing Director, International Affairs
Boeing Commercial Airplane Group Unites States	William H. LEE	Director, Airline Industry Analysis
Bombardier Regional Aircraft Division Canada	Pierre LORTIE	President
British Airways United Kingdom	David HOLMES	Director, Government and Industry Affairs
	DeAnne JULIUS	Chief Economist
British Petroleum (BP) United Kingdom	Chris MOORHOUSE	Chief Executive, Air BP Ltd.
	Alastair CAMERON	Manager, Air BP Ltd.

Civil Aviation Authority United Kingdom	Barry HUMPHREYS	Head of Air Services Policy and Industry Affairs
	David BATCHELOR	Head of International Air Services
Deutsche Aerospace AG (DASA) Germany	Dieter VOLK	Senior Vice President Engineering
	Wolfgang HACKENBERG	Assistant to the Senior Vice President
Department of State United States	John R. BYERLY	Special Negotiator for Transportation Affairs
	Carl CUNDIFF	Ambassador, Special Negotiator for Aviation
	Robert C. REIS Jr.	Director, Office of Aviation Programs and Policy
	Susan BENNETT	Acting Director, Office of Aviation Programs and Policy
Department of Transport Australia	Chris SAMUEL	Acting Assistant Secretary
Department of Transport United Kingdom	Anthony J. GOLDMAN	Under Secretary, International Aviation Directorate
	G. Russell SUNDERLAND	Deputy Secretary, Aviation, Shipping and International
Department of Transportation United States	Susan E. McDERMOTT	Assistant Director for Negotiations
Ministry of Transport, Public Works and Water Management Netherlands	Jan Willem WECK	Director-General, Civil Aviation
	René J. FENNES	Assistant to the Director-General, Civil Aviation
Enternasyonal Tourism Investments Inc. Turkey	Tavit KÖLETAVITOGLU	CEO and Managing Director
	Alper ELIÇIN	Assistant Managing

European Commission	Frederik SØRENSEN	Director Head of Air Transport Policy Directorate-General for Transport
Federal Ministry of Transport	Ingomar JOERSS	Director-General Civil Aviation
Germany	Axel GOEHR	Deputy Director Civil Aviation
Groupe Air France France	Henri HIÉ	Chargé de mission
Ministère de l'Aménagement du territoire, de l'Équipement, et des Transports	Mme Danielle BENADON	Directeur adjoint des transports aériens, Direction des transports aériens
France	Robert ESPÉROU	Inspecteur général, aviation civile
Ministry of Transport Japan	Jiro HANYU	Deputy Director-General Civil Aviation Bureau
	Shinsuke ENDOH	Senior Officer for Air Talks, International Air Transport Division
Ministry of Transport New Zealand	John BRADBURY	General Manager, International Relations
Northwest Airlines United States	Michael E. LEVINE	Executive Vice-President Marketing
	Richard HIRST	Senior Vice-President Corporate Affairs
Scandinavian Airlines System (SAS) Sweden	Kjell FREDHEIM	Senior Vice President, Special Projects
	Lennart SVANTEMARK	Vice President, Government Affairs
Schiphol Airport Netherlands	Hans N. J. SMITS	President
	Geert BOOSTEN	Director, Business Development and Planning

Singapore Airlines Singapore	Karmjit SINGH	Assistant Director, Corporate Affairs
Transport Canada Canada	Ms. Moya GREENE	Assistant Deputy Minister, Policy and Coordination
	Robert MAYES	Director General, Air Policy and Programs
	Louis RANGER	Director General, Air Policy and Programs
Vienna International Airport Austria	Gerhard KASTELIC	President and CEO
	Wolfgang GALLISTL	Manager, Aviation Policy
World Transport and Tourism Council (WTTC) Belgium	Geoffrey LIPMAN	President
	Stephen WHEATCROFT	Director

OECD Secretariat

Wolfgang MICHALSKI
Director

Barrie STEVENS
Deputy Head

Kenneth BUTTON
Counsellor

Peter WEISS
Principal Administrator

訳者あとがき

　現在，年間１兆3,500億人・キロを超える国際航空の利用客があり，また輸出用工業製品の３分の１が航空機を利用しているといわれる。しかしこれらの航空サービスは本質的に派生需要であることから，これらの実績の背後にはグローバル化した大規模な経済活動，文化活動，レジャー活動等の本源的な需要が存在する。

　ところで本書は，OECDに設置された研究プロジェクト・チームが，現状のますますグローバル化しつつある国際航空輸送の実態を分析し，その結果に基づいて，今後数十年にわたる世界経済の健全な発展に寄与する航空政策を考えるとき，一体どのような航空政策が採用されるべきかを問うものである。この研究の取り扱う内容は，理論的な考察から詳細な現状分析にいたるきわめて広範囲にわたるものであり，これらの多方面にわたる内容がコンパクトに，そしてかなり高いレベルを維持しつつ一書に凝縮されている。

　この研究チームの業績を通してみられる最大の特質は，将来の国際航空政策は従来，しばしば主張されてきた完全競争市場への依存，あるいは1980年以降しきりに提唱されるコンテスタブル市場への依存を退けて，むしろ「有効競争」への依存を説く点であろう。一方において，市場が適切に機能するよう各国政府はそのゲーム・ルール作りとそれに必要な一般的規制構造を確立するとともに，他方，現実には可能な限り競争化を推進すべきであると考えるのである。

　本書のカヴァリングの広さの故に，われわれ訳者は多方面にわたって利用可能な文献を参考にし，またそれぞれの部門の専門家の人たちのアドバイスを求めた。しかしそれにより完全な訳書が出来上がったと言うつもりはない。理解しきれていない部分があれば読者の方々からの御教示を仰ぐ次第である。邦訳

作業の過程においてわれわれ訳者は頻繁に会合を持ち，相互に読み合わせや訳語の確認を行ったが，それぞれの主たる分担分としては，丸茂がイントロダクション，第1章，第6章を，中村が第2章，第3章，第4章を分担し，そして吉井が第5章を分担した。なお原著においては，索引が付されていないが，読者の便に供するため新たに作成し，主に吉井が担当した。

　最後に，この邦訳書の出版に際しては日本経済評論社の谷口京延氏にいろいろお世話になったことを付記し，お礼を申し述べたい。

訳者代表　　丸茂　新

図表リスト

図1-1	世界の旅客キロと GDP の伸び	28
表1-1	OECD 諸国における GDP の伸び（1960～97年）	28
表1-2	国家グループにおける実質 GDP の伸び	29
表1-3	OECD 諸国についての財とサービスの実質輸出の伸び	29
表2-1	世界の航空旅客輸送量（1994）	48
表2-2	各市場部門の国際輸送量	49
表2-3	世界の旅客，貨物および郵便輸送	49
表2-4	北大西洋便の予測比較	62,63
表2-5	世界の旅客輸送の予測比較	65
表2-6	主な輸送フローについての ICAO の予測	66
表2-7	旅行客（到着の地域分布）	67
表2-8	52の航空会社が用いた予測手法	69
表3-1	アメリカのビジネス旅客が FFP の加算対象便を選択する頻度	81
表3-2	航空会社の CRS の所有	84
表3-3	欧州における第五の自由による運航	101
表3-4	資本移動に関する OECD 規準と航空輸送の外国直接投資における留保条項の適用（国際協定の下での義務を除外）	102
表3-5	主な航空会社の外国所有	103
表3-6	EU が認可した欧州の航空会社に対する国庫補助（1991～96年）	105
表4-1	欧州の空港利用およびハンドリングの料金（A320-100型機の定期便サービス）1993年 ECU	127
表5-1	1995年の主要航空会社の財務パフォーマンス	149

索　引

欧　文

【A】

Aeroflot（アエロフロート・ロシア国際航空）……………………………… 187
Air Canada（エア・カナダ）……96, 130, 156, 158
Air New Zealand（ニュージーランド航空）……………………………… 104, 147
American Airlines（アメリカン航空）……81, 82, 104, 115
America West（アメリカウエスト航空）……… 82
Ansett（アンセット・オーストラリア航空）………………………80, 110, 122
ASEAN……………………………………………34
Australian（オーストラリアン航空）………80, 110, 156
Austrian（オーストリア航空）……………… 131

【B】

Britannia（ブリタニア航空）……………………116
British Airways（英国航空）……68, 77, 96, 103, 106, 116, 118, 121, 130, 136, 147, 159
British Midland（ブリティッシュ・ミッドランド航空）………74, 79, 82, 106, 110, 122, 130

【C】

CAA（民間航空庁）……………94, 116, 122, 182
Canadian Airlines International（カナディアン航空）……………………… 156
Capital（キャピタル航空）………………………110
Compass Airlines（コンパス航空）……77, 80, 97, 110, 115
Continental（コンチネンタル航空）…………… 133
CP Air（カナダ太平洋航空）…………………… 156
CRS（コンピューター予約システム）……10, 14, 56, 83-86, 113, 119, 166, 179, 181, 201

【D】

Delta（デルタ航空）………………83, 122, 131, 156

【F】

FAA（アメリカ連邦航空局を参照）
FFP（常顧客優待制度，フリークエント・フライヤー・プログラム）………9, 10, 70, 74, 79-82, 113, 114, 118, 121, 122, 204

【G】

GATS（サービス取引に関する一般協定）……44, 56, 83, 165-167, 172
GATT（関税と貿易に関する一般協定）……31, 34, 166

【I】

IATA（国際航空運送協会）………48, 60, 61, 65, 68, 94, 98, 126, 128, 147, 148, 182, 205
ICAO（国際民間航空機関）………25, 38, 61-66, 83, 100, 124, 138, 139, 147, 150, 173, 176, 187, 205, 208, 209, 211

【J】

Japan Airlines（日本航空）……………………… 104

【K】

KLM（KLMオランダ航空）……………53, 106, 119, 121, 131, 142, 147, 158

【L】

Laker Airways（レイカー航空）……………… 115
Loganair（ローガンエア）……………………… 116
Lufthansa（ルフトハンザ・ドイツ航空）……53, 83, 118, 131, 147, 174

【M】
Midway（ミッドウェイ航空）·················82
Morris Air（モリスエア）····················78

【N】
NAFTA（北米自由貿易協定）··········34,44,171
National（ナショナル航空）··················156
Northwest（ノースウエスト航空）······53,119,
　　121,131,147

【P】
PWA Corporation（パシフィック・
　　ウエスタン航空）························156

【Q】
Qantas（カンタス・オーストラリア航空）···79,
　　104,156,158,159,174

【R】
Ryanair（ライアンエア）····················110

【S】
Sabena（サベナ・ベルギー航空）·············131
SAS（スカンジナビア航空）··············82,83,
　　102,106,118,120,158
Singapore Airlines（シンガポール
　　航空）······························142,147
South African Airways（南アフリカ航空）·····82
Southwest（サウスウエスト航空）·········75,83
Swissair（スイス航空）·················120,131

【T】
Transaero（トランスアエロ航空）···········187
TransAsia（トランスアジア航空）············75
TWA（トランスワールド航空）···············133

【U】
United（ユナイテッド航空）··············81-83,
　　118,119,122,131
US Air（USエア）···························118

【V】
Virgin Atlantic（ヴァージンアトランティック
　　航空）························82,122,160

【W】
Wideroe（ワイドロー）·······················75
WTO（世界観光機関）···················66,207
WTO（世界貿易機関）······················31

和文

【ア】
アウトソーシング············1,30,32,36,37,44
アクセス料金······························125
アジア太平洋経済協力閣僚会議（APEC）·····34
Ataturk空港································92
アマデウス·································84
アメリカ会計検査院（USGAO）·········81,127
アメリカ連邦航空局（FAA）············93,139
安全性·······················11,25,95,97,
　　110,128,137-139,175,176
Antalya空港································92

【イ】
EUの公共サービス義務····················144
EUの航空パッケージIII·················100,111
イールド···························99,148,207
イールド・マネジメント············57,83,207
以遠権····································201
インターライニング（二社間の業務
　　協定を参照）··························205
インターライン······················131,205
インターライン協定························205
インフラストラクチャー·······6,10,11,22,
　　54,55,59,60,79,89,90,92,93,108,111,124,
　　141,151,153,174,184,205

【ウ】
ウェット・リース·························205
ウェット・リース市場····················175
ウルグアイ・ラウンド··············3,4,31,41
運賃の両国不承認（double disapproval）······99

索　引

【エ】

エアバス・インダストリー社……64,68,75,92
営業収入………………………………………206
営業費用………………………125,127,202,206
S字効果,………………………………………109
Esenbogu空港……………………………………92
X-効率……………………………104,129,203,207
X-非効率………………………………………109

【オ】

欧州横断空港ネットワーク……………………91
欧州航空会社協会……………………………127
欧州合同航空局………………………………139
欧州民間航空会議（ECAC）……………………203
OECDの競争法と競争政策に関する
　委員会………………………………………115
オークション……………………………………94
オーストラリア貿易活動委員会………115,159
オープンスカイ…………………56,98,168,171
オープン・ルート……………………………170
汚染者負担の原則……………………………136
オフライン・ビジネス………………………122
オペレーティング・リース…………………205
オンライン………………………………74,118,119
オンライン・サービス………………………118

【カ】

外国資本規制…………………………………175
介入学派………………………………………162
改変………………………………2,12,14,15,105,
　161-166,168,177,179-181,184-187,207
改変的戦略………………………………………15
回廊の自由化…………………………………171
貨客混載機………………………………………53
学習アプローチ………………………………165
型式証明………………………………………139
合併………………………10,14,18,37,72,76,79,80,113,
　119,123,124,155,156,158,159,169,175,209
Gatwick空港……………………………54,125,182
可変費用………………………………………202
カボタージュ……100,102,119,167,172,201,204
貨物トンキロ…………………………………204
干渉の失敗……………………………………180
完全な多国間主義……………………………172

【キ】

規制の失敗………………………………………8
既得権（grandfather rights）……93,126,182,204
規模の経済……………9,36,71-73,85,123,203
共同運賃………………………………………119
共同サービス（joint service）………………131
共同サービス協定……………………………159

【ク】

グアダラハラ協定……………………………120
空港混雑………………………………………152
空港容量…………………59,92,125,152,211
空港利用料金…………………………125,127
繰り返しゲーム………………………………112
グローバル・ソーシング………………………5

【ケ】

経験の経済…………………………76,78,142
激烈な競争…………………………………111,209
限界費用価格決定……………………………112

【コ】

高価格／低容積製品……………………………4
公共サービス（社会的な航空サービスを参照）
航空会社指定コード…………………………118
航空管制システム………22,23,58,60,151,174
航空規制緩和法………87,109,118,138,159,185
航空サービス協定………14-16,97,98,101,104,
　128,130,138,143,155,160,163,166,168,169,
　174,175,177,181,201,210
航空輸送税……………………………………135
構造調整……………………………14,21,26,
　141,145,154,155,157,173,181,206,207
高速鉄道………………………6,54,68,124,135
交通インフラの補助…………………………178
効率性………………7,14,19,20,22,42,54,59,61,
　78,79,85,86,89,91,95,100,104,105,
　107-109,130,142,145,157,160,163,166,168,
　170,174,178,179,186,203,206,207
「合理的な（rational）」価格決定……………112
コード・シェアリング………10,20,24,74,89,
　113,117-122,160,162,169,201
コード・シェアリング協定……119,120,121,122
国際航空の所有………………………………173

国際ソーシング･･････････････････････････32
国際民間航空条約第 3 章条項（第 3 章
 騒音条項）･･････････････････････136,137
国籍条項･･･････････････････････････････119
互恵主義･･･････････････････････････166,167
国庫補助･････････････････････12,20,21,86,
 104,105,117,133,176,177,178
固定費用･･････････････････････････････202
混雑コスト･･･････････････････････125,126
混雑問題････････････････････････････54,153
コンテスタビリティー･･･････8,75,109,110,202
コンテスタブル市場･･･････････････････8,108
コンピューター予約システム（CRS を参照）

【サ】

サービス取引に関する一般協定（GATS を参
 照）
最恵国待遇の原則･････････････････････166
最恵国免除規定の適用･････････････････166
サンク・コスト（埋没費用）･･････････13,79,
 142,145,146,202
サンセット規程･･･････････････････177,186

【シ】

ジェネラル・アビエーション･････････････93
シカゴ会議･････････････････163,170,173,183
シカゴ協定･･･････････････････････････97,100
事故リスク率･････････････････････････････25
市場の失敗･･････････････････････････8,162,206
市場の集中･･･････････････････････107-109,123
市場の歪み･････････････････14,21,108,178,204,206
市場プレゼンスの経済････････････････142
システミック・リスク･････････････････････5
システム・ベンダー･････････････････････84
自然均衡･････････････････････････････111
下請け契約･･････････････････････････3,30,36
シナリオ分析･････････････････････････7,68
社会的（な航空）サービス･････････････22,104,
 144,178,206
ジャスト・イン・タイム方式･･････････4,36
Charles de Gaulle 空港･････････････････96
自由権･････････････････142,162,170,201,203,204
自由航空サービス協定･･････････････････160
自由市場学派････････････････････････････162
18 フランの安全税････････････････････････135

準規模効果････････････････････････････73
準固定的費用････････････････････････････72
純生産者余剰･･･････････････････････････121
ジョイント・ベンチャー････････････3,31,35
常顧客優待制度（FFP を参照）
消費者余剰････････････････････････････121
情報チャネル･･････････････････････････113
商用旅行･･････････････････51,54,55,57,80,88,111
所有権アプローチ･････････････････････183
所有権ルール････････････････････････････129

【ス】

スケジュール委員会･････････93,94,126,181,182
スケジュール会議･････････････････････60,126
スルー・プット･････････････････････94,183
スロット･･････････････････11,23,76,90,92-96,
 113,125,126,131,181-184,204,206
スロット取引･････････････････････････126,183

【セ】

生活路線航空サービス・プログラム･･････144
贅沢税････････････････････････････････135
制度的な改変････158,161-164,168,179,180,186
政府の介入の失敗･････････････････････204,206
世界観光機関（WTO）･････････････45,66,207
世界貿易機関（WTO）･････････････････････31
世界旅行観光会議（WTTC）････････････207
先行部門アプローチ･････････････････170,171
戦略的な提携････････････････････117,131,169

【ソ】

騒音抑制装置････････････････････････137,205
相互所有････････････････････････････････169
双方指定システム･･･････････････････････120
祖父条項（既得権を参照）

【タ】

ターミナル・コスト････････････････････183
ターミナル料金･････････････････････････125
対外直接投資･････････････････････30,32,33,38
第五の自由･･･････････････････100,101,201,204
ダイムラーベンツ・アエロスペース社･････65
第六の自由･･･････････････････98,128,142,162,204
ダグラス航空機株式会社････････････････64
多国間協定･･････････････････････13,42,56,143,163,

索引 223

166,169,172,173,181,187
タックス・ヘイブン……………………………176
単一期間のゲーム………………………………112
段階的多国間主義………………………171,172
段階的なアプローチ……………………164,165
短期限界費用……………………………………114

【チ】

地域協定……4,12,13,17,34,39,41,44,55,187
地域航空会社…………………………………143,156
地上ハンドリング………11,23,95,98,114,127
チャーター航空会社…………………………115,123
チャーター・サービス………………………170,206
チャーター市場…………………………………123
チャーター輸送…………………………………48
着陸料金……………………………………125,126
直接補助…………………………132-134,144,145,178

【テ】

定期サービス………………47,48,123,126,206
低コスト航空会社…………………………74,75,82
デ・ハビランド（De Havilland）社…………75
デモンストレーション効果……………………171
テレ・コミューティング………………………55
テレ・ワーキング………………………………54

【ト】

東欧経済相互援助会議…………………………33
統合………………3,4,30,31,33-35,41,43,52,
　　118,122,143,145,156,158,202,210
独占禁止法………………………………………131
ドライ・リース…………………………………205
トラベル・インテンシブ…………………5,44,52
Toronto 空港……………………………………96
トンキロ実績……………………………………207

【ナ】

内部補助……………………………106,144,145,176,178

【ニ】

二国間協定……11,13,16,17,55,73,89,97-100,
　　107,110,113,119,129,130,138,143,155,157,
　　163,166-170,172,180,187,201,208
二社間の業務協定（interlining）（インターライ
　　ニングを参照）………………………………118

入札制……………………………22,145,178,206

【ネ】

ネットワーク・サイズの経済………71,72,203
ネットワークの価値…………………74,118,123

【ノ】

のれん……………………………………………76,77
ノン・エクイティー契約………………………3

【ハ】

バーター取引……………………………………126
Birmingham 空港………………………………96
バイアス問題……………………………………179
破産法（破産条項）第11章……106,133,134,201
パッケージⅢ……………………………103,112,131
発地国ルール……………………………………129
ハブ・アンド・スポーク………74,100,123,204
バリュー・プライシング運賃…………………115
ハロー効果………………………………………83
範囲の経済…………………9,51,73,74,109,203
反競争的合併……………………………………79
反トラスト法……………………76,119,131,159
ハンドリング・コスト……………………95,127
ハンドリング料金……………………………11,127

【ヒ】

ピーク・プライシング…………………………94
ピーク料金モデル………………………………125
Heathrow 空港………………54,94,96,125,182
非関税障壁………………………………………31
ビジネス・トリップ……………………38,39,55
「ビッグバン」アプローチ………………164,165
標準化の経済………………………………73,75

【フ】

ファイナンス・リース…………………………205
フィーダー輸送…………………………………119
複数基準アプローチ……………………………123
複数国間協定……………………………………17
複数国間主義……………………………………171
複数社指定……………………99,129,130,162,168,206
負債倍率…………………………………………202
不定期航空会社…………………………………123
プライスキャップ規制…………………………85

フラッグ・キャリア……………20, 74, 76, 104, 105, 106, 128, 130, 133, 157, 187, 203
フランチャイズ…………3, 30, 37, 70, 77, 95, 178
フリークエント・フライヤー・プログラム（FFP を参照）
フリー・ライダー問題………………167
不利用に伴う利用権の喪失……93, 126, 182, 183
プリンシパル・エージェント………………80
ブロック・スペース協定…………118, 120, 122

【ヘ】

ベリー空間……………………50, 51, 53
便宜置籍……………20, 173, 175, 176, 210

【ホ】

保安………………14, 24, 25, 137, 139, 153
包括旅行チャーター…………………48
ボーイング………………50, 53, 63-65, 68, 75, 92, 95, 125, 150
北米自由貿易協定（NAFTA）………34, 44, 171

【マ】

埋没費用（サンク・コストを参照）

【ミ】

密度の経済……………72, 75, 109, 145, 203
民営化……………12, 19, 20, 33, 101, 103, 155-157, 161, 174, 177, 206
民間航空庁（CAA を参照）

【メ】

メガ・キャリア……………………210

【ユ】

有効競争………2, 8, 9, 11, 16, 21, 25, 107, 108, 185, 186
有効座席キロ………………………201

有償旅客キロ……………………47, 206
有効トンキロ……………………207
床下貨物室…………………………50
輸送インテンシブ………………38, 185
輸送力ダンピング…………………79

【ラ】

ラテンパス・スキーム………………82

【リ】

リース………1, 25, 69, 94, 150-152, 175, 205
リーン生産方式……………………4, 43
理性ルールのアプローチ………………86
略奪価格……………………………79
略奪的行動………85, 86, 114-117, 179
旅客責任……………………………120
旅行代理店………………57, 86-88, 201

【ル】

ルート・ペア…………………………73

【レ】

レント・シーキング………………107

【ロ】

ロイヤルティー・インセンティブ………82
ローカル航空会社…………………143
ローカル補助………………………178
ロード・ファクター……59, 125, 150, 205
ローマ条約…………………………131
ロールオン／ロールオフ・サービス………49

【ワ】

ワイド・ボディー機…………………49
割当レント…………………………130
ワルシャワ協定……………………120

【訳者紹介】

丸茂　新（まるも・あらた）
　1934年　大阪府に生まれる
　1957年　関西学院大学商学部卒業
　1960～1961年　米国フルブライト全額支給大学院留学生としてメリーランド大学大学院およびコロンビア大学大学院に留学
　1964～1965年　英国ブリティッシュ・カウンスル留学生としてバーミンガム大学大学院に留学
　現　在　関西学院大学商学部教授（交通論担当）

中村　徹（なかむら・とおる）
　1955年　大阪府に生まれる
　1978年　関西学院大学商学部卒業
　1983年　関西学院大学商学研究科博士課程後期課程単位取得退学
　1990～1991年　リヨン第2大学運輸経済研究所（LET）客員研究員
　現　在　大阪産業大学経営学部教授

吉井秀和（よしい・ひでかず）
　1970年　奈良県に生まれる
　1994年　関西学院大学商学部卒業
　1996年　関西学院大学商学研究科博士前期課程修了
　現　在　関西学院大学商学研究科博士後期課程

国際航空輸送政策の将来――グローバルな変化に対応して――

2000年4月15日　第1刷発行	定価（本体2800円＋税）

　　　　　編　者　　O　　E　　C　　D
　　　　　訳　者　　丸　　茂　　　　新
　　　　　　　　　　中　　村　　　　徹
　　　　　　　　　　吉　　井　　秀　　和
　　　　　発行者　　栗　　原　　哲　　也
　　　　　発行所　　株式会社　日本経済評論社
　　　〒101-0051　東京都千代田区神田神保町3-2
　　　　　　　　電話 03-3230-1661　FAX 03-3265-2993
　　　　　　　E-mail: nikkeihyo@ma4.justnet.ne.jp
　　　　　　　URL: http://www.nikkeihyo.co.jp/
　　　　　　　　　　文昇堂印刷・山本製本所
　　　　　　　　　　装幀＊渡辺美知子

乱丁落丁はお取替えいたします。　　　　　　　Printed in Japan
Ⓒ MARUMO Arata et. al. 2000
ISBN4-8188-1200-5

Ⓡ〈日本複写権センター委託出版物〉
本書の全部または一部を無断で複写複製（コピー）することは、著作権法上での例外を除き、禁じられています。本書からの複写を希望される場合は、日本複写権センター（03-3401-2382）にご連絡ください。

山本哲三著
市場か政府か
――21世紀の資本主義への展望――
四六判 二九〇〇円

レーガンの規制緩和やサッチャーの民営化政策等欧米の実験と問題点をとりあげ、規制緩和と民営化が推進された歴史的背景を整理し市場と政府のあり方を分析する。

OECD編 山本哲三・平林英勝訳
M&Aと競争政策
――合併規制の国際比較――
四六判 二五〇〇円

OECD加盟諸国のM&Aの動向と合併規制策の詳細な調査。金融革命とデ・レギュレーション等による世界経済の構造変化にともない、M&Aは今後どう展開するか。

OECD・山本哲三著
プライスキャップ規制
――理論と実際――
四六判 二八〇〇円

公益事業における公正な利益配分・報酬率・競争を促すためのプライスキャップ規制とは。各国の事例を集めたOECDの報告をふまえその特徴、意義及び課題を理論的に整理。

今城光英編著
鉄道改革の国際比較
A5判 三〇〇〇円

国鉄の分割民営化が実施されて一二年が経過した。日本を皮切りに欧州各国に波及した国有鉄道の民営化政策を比較検討し、国鉄改革とその評価を論じる。

OECD編 山本哲三訳
成長か衰退か
――日本の規制改革――
A5判 二八〇〇円

日本の規制システムの現状と規制改革の経緯を踏まえたラジカルなOECDの勧告にどう応えていくのか。それを決定するのは政府、官僚というより、われわれ国民である。

（価格は税抜）

日本経済評論社